香港甚好的片刻

胡戩／著

本書緣起

「未來如果台灣民族倖免於滅亡，後代台灣人記憶那個艱苦的時期或許也會說，那是台灣人最好的時刻……那個時代之所以是最好的時刻，因為許多人有著共同的價值，也願意為這些價值付出。」

——吳乃德，《台灣最好的時刻》

《香港甚好的片刻》一書輯錄香港網媒「加山傳播」的深度專訪，從民族思潮先驅問起，到如今流落四方的義士，透過在夙夜同路上十八人的片刻之言，讓讀者重組窺看香港自國安法通過後，每個重要的，甚好的時刻。

歷經重力如湯的時刻，彈丸城民經歷過共同的苦難，因而牽絆成絲，追憶潸然，香港人成為共同體的存在，受難的共同體，民族的共同體，共同浩浩蕩蕩迎來國安法後的黑暗周期。「黎明嚟之前嘅黑暗，係至撚黑暗。」如果黎明來到之時是香港最好的時刻，以後路上的每每都邁向下一個最好的時刻，那麼在破曉之前的引頸盼待，肯定是比未來稍遜的一刻，甚好的時刻。

如今，「加山傳播」成員皆已身處四海，更有部分新聞紀錄遺憾被刪除。現時大部分新聞資料只存於社交專頁，有更多資料隨時會再次無法救回。希望《香港甚好的片刻》，讓後世能夠透過此書了解，香港人在國安法前後經歷著那些重要時刻，理清脈絡。「加山傳播」成立三年以來一直分文未取，數十萬開支一直由幾名大學生身兼數職承擔；因此曾就本書之出版計劃作出眾籌，目標為九萬港元。出版之後的餘額，將用以作本書之翻譯工作或輯錄其它新聞材料等工作。本書會捐贈至全球一百間大學的圖書館，以作香港研究之用。在此感謝支持過這件事的人們。

加山傳播

香港網媒，創立於2019年10月15日。

由於初期成員及兩名創辦人馮達浚和胡戩均畢業於拔萃男書院，故頻道取名自母校之地理位置——何文田加多利山，媒體的宗旨及台章亦分別取自母校校訓和參考校園山腳處標誌路牌。

加山傳播成立以來一直堅持以香港本土為本，致力為本土派發聲，在媒體活躍運作期間，曾多次針對時局，為本土派提供發聲平台。本書的訪問對象，大部分皆為本土派立場。

2019年間香港曾同時出現大量網媒，加山傳播一直靠成員自負開支，在資源緊絀下力保高質素報導，分別在2021和2022年取得人權新聞獎共三個獎項之肯定。

加山傳播其中一名創辦人馮達浚因參與2020香港民主派初選，於2021年初被國安拘捕。至同年11月4日，在馮達浚申請保釋時，律政司於高等法院原訟庭公開指控加山傳播為煽動平台，令加山傳播成為香港史上第一間被公開指控為煽動平台的媒體。

胡戳是誰

胡戳，現居台灣，《加山傳播》創辦人之一。抑鬱多年，從無好好認識自己。卻在大學未畢業時為著甚麼追趕，好好認識過香港，然後再不得不離開香港。

曾於2021及2022年兩度獲得人權新聞獎。

—推薦序—

徐承恩

《香港，鬱躁的家邦：本土觀點的香港源流史》作者

曠野的經歷、國魂的試煉

2019年，乃香港國族歷史的元年。反送中修例讓香港人看清楚特區政權的本質：這個政權的在位者，對民眾的意欲視之如無物，把所有的心懷意念都用來討好幕後操縱的北京政權。特區政治的本質，就是殘民以自肥殖民統治、也是中國帝國主義的侵略。香港人終於擺脫「虛擬自由主義」和「大中華情意結」的雙重枷鎖，走上街頭高呼「光復香港，時代革命」，向世人顯現香港乃自在且自為的國族（a nation in and for itself）。在抗爭街頭的勇武手足，以行動發出鏗鏘有力的呼喊。他們面對政權暴力時的針鋒相對，就是摩西對法老暴政的訓示：「容我的民去！」

如今香港抗爭者已經求仁得仁，先知「攬炒十式」的預言，也在「加速時代」迅即全部應驗。香港是個異乎中國的獨特國族，如今已是眾目睽睽的事實；這個新興國族的技法雖然粗糙，可是他們還是替自由世界向極權中國開響第一槍，並為自由民主與獨裁威權的漫長鬥爭掀開序幕。可是香港捍衛普世自由價值的義舉，亦令這個國家成為中國帝國主義的出氣袋。北京政權面對日趨不利的國際形勢，以殺雞取卵的方式鋌而走險，把香港這個逆天抗命的新生國族釘在十字架上，向世人宣示與帝國威權作對的下場。中國無視理當由香港全民共享的自主權，透過《國家安全法》強行引入特務政治，又把僅有的半民主制度削弱成連裝飾功能亦欠奉的贗品。為香港的自立自主奉獻一切的義人，有的到海外繼續為自由奮戰、有的在家邦承受日益荒謬的高壓、有的甚至為真理和正義身陷囹圄。不過花果飄零之嘆，只是「華夏情花毒」無益的自哀自憐。香港如今已經決志自立，已經渡過紅海出走埃及：只是我們還得花上整代人的時間，在曠野漂流尋找通往迦南美地之路。

從當代人的觀點來看，以色列人在曠野漂流七十年的經歷，實在令人難以理解。摩西帶領以色列人向法老抗爭，最終讓埃及慘嘗十災的滋味，方能令心硬的法老向正義屈服。不過當以色列人擺脫法老、來到曠野，就是輪到自己受苦的時候。根據美國聖經學家彼得・恩斯（Peter Enns）的文本分析，以色列人在曠野經歷的種種劫難，其敘事架構基本上與埃及人承受的十災別無二致。上主從法老手上拯救以色列人，是種帶著苦杯的祝福：以色列人必須學會順從上主，要麼是重複埃及受過的懲罰、要麼是在上主的醫治中得享自由。對於沒有宗教信仰的世俗社會而言，出埃及的「解放」不也是「神權政治」的壓制嗎？

在繼續討論之前，筆者作為一位離教多年的慕道友，必須先解釋《出埃及記》的獨特體裁：這本由多份遠古文獻編輯拼湊而成之作，按民俗學的觀點來說，其實是以色列人的族源傳說。在歷史人類學的視野中，歷史和傳說之間並無真偽之分，兩者只是記述歷史記憶的不同方式：族群傳說拙於記錄事件的來龍去脈，卻能把先人面對歷史處境時的心態活靈活現地展現出來。而名為雅威的上主，也就是以色列人的族神：依據涂爾幹（Émile Durkheim）宗教社會學的思維，神明就是族群的圖騰、代表的正是凝聚族群的超越（transcendental）精神價值。如此《出埃及記》這份文本，就是以色列人對族群歷史的主觀詮釋，承載著這個族群幾千年來的顛沛流離：族群的建構和凝聚，可謂篳路藍縷、荊棘滿途的血淚之路，保留着這種記憶的族群傳說，也自然不容易有皆大歡喜的結局。

若要把《出埃及記》的族源傳說，放到當代香港的處境，再用二十一世紀的語言翻譯出來，那麼我們可以得出這樣的結論；香港雖然已經形成自在自為的國族，可是仍然是個新生的國族。香港本土的歷史意識和文化意識仍有待進一步鞏固，如此方能把「虛擬自由主義」和「大中華情意結」的遺毒徹底清除：除此以外，香港也必須重新思考在建國之後，應當如何在東亞沿海以致整個自由世界定位。而香港的本土認同，也應該同時是超凡脫俗的普世價值：本土與普世本應是一體兩面，普世價值理應是本土認同即集合、而本土認同亦可為普世價值之展現。在香港國族建構初期，我們固然必須批判那些以普世為名、行帝國之實的論者：他們大部分都是因為認同錯亂而思維不清，只有少數真是立心不良。可是在2019以後，香港國族雖然仍然稚嫩，其存在卻已是不爭的事實：香港作為國際社會的新成員，就有責任思索該如何在國族平等自決的前提下，為世界所有大小國族抵抗帝國的民主自決、為普世民眾的自由、幸福和尊嚴盡上一番綿力。香港若要成為偉大的國族，香港人就必須要有虔誠的人道信仰。

以色列人重獲自由，卻在曠野中回想在埃及吃香喝辣的日子，抱怨摩西和上主讓他們為自由犧牲享受：而這豈不是典型的「港豬」性格嗎？香港的苦難並不盡是威權的罪惡：那些為求一己之物慾，對不公不義漠視不理、甚至雪上加霜的香港人，豈不應該承擔一半的責任嗎？香港人過往從中國這位惡鄰耳濡目染，不自覺地習得尊卑分明的劣根性：他們不敢向強權作出挑戰，反倒把眼睛移植在額頭上，透過貶低他人忘記自己被欺壓的真相。近年香港人在海外的一些族群衝突，雖然部分原因確是出於文化差異和互不理解，可是香港人過往「憎人富貴厭人貧」的劣根性、因著歷史文化意識的貧乏而「脫華」不力，顯然也是令衝突越演越烈的肇因。臺灣獨立運動家史明曾經有過一句擲地有聲的讜論：「要先做一個好的人，再成為臺灣人！」香港若要成為一個頂天立地的獨立國族，從而建立世人仰望的新國家，這樣每一位香港人都要去學習成為一位更好的人：而這一切都需要艱苦的歷練。如此曠野的經歷，也就是國魂的試煉。

這本書訪問過的十七位受訪者，在2019年赴美時都是獨當一面的風雲人物。可是他們遇到《國家安全法》的衝擊，都必須重新反思自己的角色，展開他們自己的曠野之旅。我們可以看到他們在這條艱苦的道路上，有過不少迷惘、困惑和恐懼，陷入處處碰壁的困窘之境。可是我們亦看到他們收起昔日的傲氣，對世界現實不再抱有虛幻的夢想，對手足同伴亦有更多體諒和包容：但是對於自己的信念，仍然堅持到底。

在這本書中，我們看到不同的受訪者我面對世情丕變，都各自有不同的掙扎、並在各種矛盾中尋求出路。比如許穎婷一直徘徊在新聞工作和國際遊說之間，不斷思考自己在新形勢下的定位。「攬炒巴」本來相信玉石俱焚就能帶來改變，其後卻意識到只破不立對長期抗爭未必有利。曾經相信留守到「煲底相見」的王茂俊，最終卻不得不選擇逃亡。「滑鼠娘娘」鄺頌晴過往非常討厭「左膠」，可是國際遊說的現實卻讓她也變成一位「為大義奉獻自己」的「左膠」。方仲賢過往強烈反對「袋住先」的妥協，可是在《國家安全法》實施後，卻開始懷疑強硬到底也許同樣有害。本土派出身的張崑陽，過往對傳統民主派的路線頗有質疑，可是從政的經驗卻使他知道不能完全放棄民主派的承傳。邱宏達因為參與前線抗爭被捕，可是他其後卻反思抗爭策略的不足，甚至感嘆政權比抗爭者更會檢討錯誤。

書中有幾位受訪者是筆者的朋友，亦曾近距離與他們一起面對各種劫難——在這個過程中，筆者親身體驗到他們的成長、感受到他們堅強的信念。在未來的曠野歲月中，他們將會面對無日無知的劫難，挫折和失敗也像是他們的家常便飯。可是一個信念堅定的人若然學會成長，就必然能夠變得無堅不摧。筆者因此在他們身上看到了希望。「唯有忍耐到底的，必然得救。」「我只有一件事，就是忘記背後，努力面前的，向着標桿直跑。」

徐承恩
壬寅梅月十三
近畿家中

013　香港甚好的片刻

目錄

CONTENTS

體例說明

本書為尊重作者原意及留存歷史記錄，書中香港詞彙、用字按原文保留，不另編修，特此說明。

國際線 2020/05/23

許穎婷

I am from Hong Kong, not China

「I am from Hong Kong, not China」。大概是她的名字，第一次廣泛地受香港人所認識的契機。一夜之間，幾百字的英文短文，一篇在美國 Emerson College，一間以新聞系而聞名的校報所刊出的文章，伴隨著 Frances Hui 一名——一個陌生又熟悉的名字——忽然充斥各個同溫層。

然後兩星期內，只要打開手機，凡是能討論政治的平台，幾乎都能看到相關的討論，且不再局限於兩登[1]和 Facebook，Hongkonger 一詞終於能搶灘 Twitter，甚至 Reddit。今日回頭看，「國際線」的第一槍，在「抗暴之夏」炙熱之前，已經由她間接上膛打響。

之後大半年間，香港以血腥和煙霧，不斷再不斷地出現在有限的國際版面上。曾有一大段時間，打開 Twitter 流行榜、Reddit 的 World News，都只有香港。當全世界都心繫香港，關注香港人的生死命亡，黃之鋒、周庭、攬炒巴以「香港人」身分搶盡風頭時，最先把「香港人」帶上國際的她，明明就身處美國，卻近乎消失了。

到「抗暴之夏」走入寒冬，大半年後的一個深夜。一部呼籲在美港人在人

1　兩登：高登與連登，為香港兩個主要線上討論區。以下如非特別註明，註釋部分皆為編者註。

口普查時填上「香港人」的短片。依然是熟悉的那串雞腸[2]——Hongkonger，開首的 I 卻換成 We。還有熟悉的名字。

她回來了。

一切要由2014年，那個對上一次，香港搶盡國際版面的雨傘運動年代講起。

「嗰陣雨傘咁咁完，想搵一個新嘅定位。」[3]那是一個令許多參與者迷失的時間，歷時79天沒換來甚麼就草草終結。就如在海邊的石塔，無聲無息的倒下，只留下水面的層層漣漪。

「我鍾意影相，鍾意寫嘢。」[4]在搜集資料時曾細閱她的社交帳號，掃到雨傘運動的時間點，一張張在龍和道的隨拍，配上一段段矯情的文字。一個個屬於記者應有的刻板印象，在當時的她身上都不難找到。

2 雞腸：香港人稱英文字為雞腸，因其形象細長彎曲，酷似雞腸。

3 「那時雨傘運動剛剛完結，想找一個新的定位。」

4 影相：拍照的廣東話。嘢：東西的廣東話。本書名詞解釋多為廣東話，不再特別註明。

「雨傘嘅時候，見到好多記者成日第一時間，好英勇咁衝前。」訪問之時正好遇上「13歲記者」的爭議，她亦笑指當時自己只有14歲。「嗰陣[5]會覺得記者係英雄嘅化身。」於是機緣巧合下她加入TMHK[6]，成為一名學生記者，開始在前輩帶領下學習如何當一名記者，亦開始慢慢衍生對香港新聞的不同看法。

當時《立場新聞》的前身《主場新聞》在創辦人蔡東豪一句「我恐懼」，指香港社會瀰漫著一片白色恐怖下宣布結業。整個新聞界以所謂反對派光譜擔大旗的，頓時又再只剩下《蘋果日報》，但大家心知肚明，他們從未能、亦不能代表一整個政治光譜。

她形容當時香港新聞業的生態十分惡劣：「我覺得香港既然好快會無晒新聞自由，所以我不如去外國讀新聞。」這些是要親身投入，並了解整個新聞業的生態才能領悟的，但要放棄在香港的幾年準備，毅然到美國由零開始，為的只是想修讀新聞？

這種對新聞的執著，我當下認為應經過其他因素催化。「真係咁簡單？」

5 嗰陣：那時

6 TMHK：香港網絡媒體，全稱 Truth Media (Hong Kong)。

我抄著自己的手記，中間漏空了一欄，因為跟不上整個決定過程的思路。

「嗯。」她想了一下又補充，「其實主因係，喺香港讀書壓力好大。」

香港的填鴨式教育制度，折磨一代又一代的莘莘學子。所有人都被逼著要在兩邊已封上圍欄的賽道上競賽，盲目地向前跑。但只要你還在場上，你就得拼死跑下去。「我份人又鍾意比較，而自己又要同一班精英鬥，嗰種壓力大到深夜溫書會拎住本書喊。」[7]

在失去希望的時代，要承認自己的無能，需要的不僅是梁靜茹給予的勇氣，還要有一定的自知之明。就算贏了賽跑，終點又不是自己的目的地，對於一個已知道自己路向的人，這場比賽如同雞肋。

於是她乘著漣漪，來到了海的另一邊。那一年，她只有15歲。

「咁我真係好鍾意新聞。」

[7] 喊：哭泣。

跑道換了，但跑道又更難跑了。在美國亦未曾一帆風順。

家暴、抹黑、欺凌、抑鬱，到美國不久後，每一樣經歷就浪接浪的打在她身上。她形容2017年，即到美國的第一年，是「過得潦倒的一年」。一方面感情關係沒處理好，到美國不久後，情竇初開的她一下子被遮起雙眼，很快就和當時男友同居。

「我天真咁以為，只要同居就可以有更多時間相處，感情會越嚟越好。」沒有讓神仙魚歸天，但讓自己受盡痛楚，無論是肉體還是精神上。男友開始對她施暴，而且一次比一次暴力。

「我一直以嚟都好『小女人』。」她這樣定性當時的自己，這點很難從今日有限的鎂光燈影下看出，畢竟之後多次站在最前線發聲，但她卻認為自己過去很易遷就身邊的人，一種很隨和的個性。

危牆下的愛，承受太多悲哀。因為性格，同時間也面對許多流言蜚蜚，有對於她人際關係的，有對於她戀情的。有的由美國傳回香港，也有的從香港傳到美國。她卻沒有一次選擇將指控好好澄清，反而一直堅持緘默。「反正多講會令人覺得自己在意。」

這可不代表自己真的不在意。但沉默的代價，就如不上水換氣，卻不斷要往更深處潛，強迫自己應對從不應面對的，很快地「缺氧」的徵兆就來了。她試過自殺，以看似最不智的手法來尋找釋放的契機。那是抑鬱的症狀，然而在她身邊的人，卻多對決堤的訊號不以為然，更多的卻是比物理刀割更痛的詆毀，如鋒刃割在心上。

曾經沉溺在抑鬱之中，又試過暴食成癮，在近乎沒有幫助下，還是靠自己意志撐過來。她開始投入校報，將新聞當作自己的救贖，卻又意外地取得不錯的成績。「我嗰陣幾乎撐起成份校報。」校報每星期會出一式八頁，最高峰時試過有五頁是出自她手。當時對新聞熱衷：每日最早到 Newsroom，亦是離開時親手關掉 Newsroom 所有電掣的人，只差在未在裡頭起居過活。

我問：「妳點做到喺抑鬱嘅同時不斷寫新聞？」

「咁都可以無視自己嘅負面情緒。」以新聞作自我麻醉，再從中找回自己的價值，抓緊本來的救生圈。但依然不時會回到水底去，被負面情緒支配，一個人跑離工作室，到停車場嚎哭一場。

「但因為發覺自己做得好好，受到其他人認可，所以自信開始由新聞到翻嚟。」2018年初，她一篇關於一名南韓留學生被美國海關無理拘留的報導，獲得多方面認可，更一舉獲頒西北太平洋校區的新聞銀獎。而這只是她筆下的第二篇報導。

然後2018年4月12日，她被第一志願 Emerson College 取錄。

她依然保持著對新聞的熱誠。這點不難證明，她自己的個人網頁上陳列著過去筆下的報導，幾乎每隔一段不長的時間就有一份更新，直到那篇讓她受盡

國際目光的報導。

「不過之後我寫嘅新聞，十隻手指數得哂。」她不以為然地說。當提起那篇文章時，若不是她刻意提醒，我也忘記在一個讓萬千香港人同意的標題下，其實是一篇不折不扣的新聞文章，講述的是中國學生在 Emerson College 的種種霸道。「佢哋（Berkeley Beacon）將我移咗去 Opinion（評論）。」

「香港就算過往有社運經驗，都會容許個人繼續做記者。」以自身的經歷，她娓娓道來美國、香港兩地新聞業的分別。她在撰寫「I am HongKongers」之後，以一時間累積下的名氣，一連在美國帶頭舉辦了好幾場聲援香港的遊行，代價卻是不再被允許撰寫任何和香港相關的新聞。因為美國的新聞業，對行為操守準則拿捏得十分嚴格。

她認為美國的編採十分自由，亦極少會出現新聞稿被扣起。大概亦正因如此，所有人都會盡力死守新聞自由的界線。相反香港的新聞審查十分嚴重，皆因基本上大部分的傳媒，抑或資金來源或多或少都是「紅底」[8]，抑或連募集資金都十分困難。「香港編採係無自由。」

8 紅底：有紅色（中國共產黨）資金作為背景。

近日香港政府和警方連番發炮，對學生記者表示質疑。但學生記者在美國新聞自由的地位，是高得連警方都不敢打壓的。「美國唔會有人夠膽去挑戰、質疑、又或睇低學生記者的身分。」她不知不覺間道出了，美國和香港在新聞上之所以有種種分別，全因兩地對新聞操守準則的重視程度不一。

美國新聞業對一切都循規蹈矩，故新聞自由的防線牢不可破，政府縱使想干預，如特朗普（Donald Trump，台譯川普）多次指控一些媒體為「假新聞」，對新聞自由卻未能造成絲毫動搖。所有政府都想干預從不屬於他們的第四權，但香港新聞業經常跳脫規矩，新聞自由就自然易被打壓。同時令政府有機可乘，嘗試以「正當理由」對新聞自由為所欲為。

「但我翻嚟之後，我唔想再做翻新聞嘅嘢。」[9]意外得我停下默寫著的筆記，看見她點頭才確認自己沒聽錯。從小對新聞滿腔熱誠，甚至遠赴西洋求學。體會過真正的新聞自由後，卻選擇放棄鋪了四年的路。

「記者應該要將自己抽離，但我開始做唔到。」她舉去年（2019年）「理大圍城」作例子，在美國她看到中大二橋的一幕幕，就馬上決定趕回來香港。

9 「但我回來之後，不想再做回新聞工作。」

記者的天職是作記錄，何況是發生在自己家的大事，但正因這次回程，她發現自己「記者失格」。

「我以前會覺得，記者係一個『護盾』，可以參與社運同時保護自己安全。」但美國四年的經歷，令她堅持記者必須以一個路人的角色，來看待每一件事，除了一個例外。

當新聞自由被踐踏的時候，她覺得記者才可以發聲，因為是屬於記者要守護的東西。

路人這個角色，這次她不覺得自己有好好演繹。「香港嘅新聞生態本來就唔正常。」有時香港的氛圍會令她以此作藉口，說服自己在不同事件上發聲。但記者在任何時候，都絕對要保持一個旁觀者的心態，將自己情緒收起。

「我覺得自己都仲可以做到將情緒收起。」這是當記者的最基本要求，否則就遑論能中立地看每一件事。「但我覺得自己開始做唔到『Be Stupid』。」她口中的「愚蠢」是當記者的態度，只有將自己身位放低，才能激發本性的求知慾，去問每一條問題，從而對一件事有更全面立體的觀賞角度，無論對記者本身，還是社會大眾。「但我已經無辦法對住一啲人嘅面孔扮無知。」[10]

當她憑「I am from Hong Kong」聲名大噪時，她發現自己已經厭倦了再寫新聞，「我以前真係每個星期跑新聞。」一方面因為工作崗位被校報調職，另一方面近大半年的經歷，令她發覺自己的角色不能再局限於只當一個新聞工作者，而是需要作一個發聲的人。在她眼中，香港民族的尊嚴比甚麼都要重要。「如果民族尊嚴被踐踏嘅話，我無辦法收聲。」然則她認為香港民族已經到了最危險的時刻。

由撰寫「I am from Hong Kong」，到「反修例運動」開始，再演變到今日的地步，一切都如冥冥中注定，在一年內巧合接巧合地上演，會覺得自己是「數碼暴龍」[11]的主角，是被時代選中的孩子嗎？「與其咁講，我更覺得係性格決定命運。」說時雙肩輕輕一聳，像是輕嘆命運輕易被就地改寫。

「嗰篇文我寫出嚟係為咗啖氣咋嘛，我其實可以唔寫，我寫完之後其實都可以完全唔理，繼續做翻記者，做翻一個旁觀者。」[12]但她回想，自己由傘運

10 「但我已經沒有辦法對著一些人的臉還裝作無知。」

11 數碼暴龍：數碼寶貝。

12 「那篇文我只是寫出來洩憤，我其實可以不寫，寫完以後其實也可以完全不理會，繼續當記者，當回一個旁觀者。」

年代起加入學民思潮，因社運而成為記者，再到美國修讀新聞，繼而陰差陽錯地在美國重投社運。由始至今，她根本就屬於社運，根本就屬於政治。

「其實新聞只係第三者。」

「有無後悔讀咗新聞，」花四年時間兜兜轉轉才發覺自己走了一條冤枉路，到頭來又回到原點，何不當初就選擇讀政治，「或者諗過唔讀新聞？」

「無。」一聲肯定得不過的語氣，卻又眼神放空地思索了好幾秒，如快速重溫四年以來的每一刻後，「真係無，我無一刻想過讀其他嘢。讀新聞學翻嚟嘅技能一世都有用。」

她說出在當下時代聽起來異常諷刺，但又令人點頭的一句。筆者大學也是專修新聞，但同屆畢業又繼續往新聞發展的寥寥可數，可能就是新聞系的技能樹太廣闊。「所以我無後悔，因為依家做緊嘅嘢，係過去慢慢形成。」[13]

---

13 「所以我沒有後悔，因為現在在做的事，是由過去慢慢形成的。」

那四年的經歷怎樣形成今天的自己，「呢四年令我培養出自己嘅本性。」她想了良久才緩緩說，但又很快更正，「或者個本性一直都喺到，只係呢四年令我發掘咗出嚟。」[14]

因為一篇文章，她被帶到做領導的焦點下，要帶領群眾。回想在波士頓幾場遊行，就算她想放手給其他人做，卻發現所有人都希望由她來領導。引用黃之鋒的「燒光環論」來說，就是當有人因一些社會事件累積到了名氣，就必須回饋賦予名氣的群體。所以她在美國發起「We The Hongkongers」，希望能為孕育她的人帶來必要的回報。「依家已經唔到我揀，無人做就要自己做。」[15]

因為受過家暴，留下的陰影令她在看見這大半年香港幕幕警暴時，會不其然有後遺的既視感；同時令她在處理不同人際關係時由以往的服從，「覺得自己一定要跟一個大佬」，變成今日傾向自己「話事」的角色。

因為四年拋磨，在美國的各種修煉，讓她學會搞清楚自己是一個怎樣的人。「我仲有好多不足。」在問題還未咄咄相逼前就直接招認。有如當記者審視社會的種種，但把鏡頭和打光燈反過來對準自己。每臨絕境峰迴路又轉時，

14 「這四年讓我培養出自己的本性，或者本性一直都在，只是這四年讓我發掘了出來。」

15 「現在已經不到我選擇，沒人做就要自己做。」

總在反射鏡上發覺自己的種種不是。她自言常時覺得很矛盾，自己已算得上一個政治人物，明明需要小心說話，但性格每每使她口沒遮攔。她亦深知自己對國際認知未及充分，自覺缺乏一種屬於領袖應有的性格，卻不經不覺已站在新的起跑線上，恰似如夢初醒，歸途在眼前。

「其實我都仲摸索緊自己個定位。」[16] 15歲時，因為要尋找自己的定位，孤身一人，乘著漣漪，到了海的另一邊的她說。

如今20歲的她或許沒察覺，如今漣漪化成海浪，從海的另一邊回來了。

她是許穎婷。

後記一

文首說 Frances 是一個陌生又熟悉的名字，因為我早在雨傘運動時，就和

16 「其實我也還在摸索自己的定位。」

她有過幾面之緣——當年在夏慤道經常會見到許多人捧著鏡頭，但有一個女孩讓我印象深刻，因為她是穿著校服的。好幾次我都避開她的鏡頭，亦故留下印象，但到知道她名字時，已經是快四年後。

打算約她做專訪時，從沒想過最後寫成人物特寫。她當時很爽快就答應，還問我要不要些資料作備課。想著是她對於「香港人」身分、甚至政局的其他看法，但打開她傳來的連結——是她對過去的獨白。自己也算有著部分相同的經歷，於是整個專訪的方向就變了。

在某種程度上來說，整個訪問幾乎被她主導，在各種形式上。可能都是新聞系出身的人，許多問題我才問到一半，她已經猜出我的思路準備回答。真要好好想一會，除了那條要好好回溯過去的問題，就只有被我問到她對自身現況的定位。

在這個風風雨雨的社會，欲怎樣開花，少年該怎樣落地。

她甚至將問題拋回來，尋問我的意見。我當時只給了一個不置可否、模稜兩可的答案。畢竟，記者不應評論。

在編寫上文時，反覆聽她說過的每一句錄音。我後來再細想她的問題，或許真如她所說的，「香港嘅新聞生態本來就唔正常」。在香港的政治社會發展以來，我們不難發現有許多步入政壇的，都有著記者的背景。有如吳靄儀一樣的德高望重，卻亦有像劉慧卿陳凱欣一樣的存在。

我記得在大學時，有一堂傳媒理論課，教授還刻意用中文說：「只要當過記者，最忌出名。」亦不是完全一刀切的完全不能出名，但終希望只因報導中立，揭露真相而聞名。老實說，大家可能琅琅上口道出奧斯卡最佳佳佳，但又有誰能將普立茲獎的得主倒背如流。然而在畸形的香港，前主播化身KOL[17]是常態，近來更有參選立法會的一例。

直到現在，我也想不出一個答案。倒是將錄音翻聽過後，總覺得她的經歷有種說不出的唏噓，更讓我想起「猶原會記得我少年時所偷偷烏白寫的願望，彼當陣我已經當做這世界我早著已經看破」一句。正是當起記者來，所以比常人更易看清所有。始終大眾看的是框內的世界，但造框的正是記者。但世界被

17 KOL：關鍵意見領袖，Key Opinion Leader，可理解為網絡紅人。

看破時，記者應不平則鳴，還是守住職業道德？

對新聞失去愛，雖則她口裡是這樣說的。但回想訪問的過程，起碼我是這樣覺得的，根本就沒有這回事。訪問在一間樓上Cafe進行，後面一枱的年青人玩遊戲不亦樂乎時，每每聲浪較大，她總會稍稍提高聲浪，甚至將錄音筆移近自己，不時也會遷就我抄默手記的速度。這些小動作都出於對新聞的愛，希望能略盡綿力生出一份好的新聞，一個好的故事。還有一件事，我曾問她還否記得第一個自己發掘的新聞，她想了想說要好好找一下。當我掏出早準備好的資料，她看見時的笑容，像一個小學生，第一次作文被老師公開表揚一樣。

最後想說的是，俗語有云：創業難、守業更難，香港自開埠至今，也算是步入守業期。近日「香港國安法」鬧得滿城風雨好不沸揚，一夜之間彷如回到出生前的九〇年代初，這個說要移民，那個說要逃難。常說年輕就是本錢，故經常老一輩都以此勸年輕的往外闖，但說來諷刺，在近幾年最風雨飄搖時，常常站出來的正是這一群理應無牽無掛，卻總為香港擔驚受怕的年輕一代。

也許正因她才20歲，就更應該好好浪流連一下，只是闖的地方變成自己的家。反正未來會怎樣誰也說不準，一年前她寫下「I am from Hong Kong」後的種種，已經是最絕對的證明。又如她所說「讀新聞學返嚟嘅技能一世都有用」，跳入政治，只要做一個善良的歹囝，如若迷失也可以回家。

如果最後這裡還是家。

後記二

「回來了」，熟悉的都回來，從無際無垠，然後熟悉的都會來，到無距無間。

熟悉的都回來了，雖久違但不陌生，是熟悉的灼熱、是熟悉的朦朧、是熟悉的煙硝。炎夏的開章並不是偶一而生，而是有跡可尋，不單是人海中，還是腦海中，都是韜光養晦的等待。往後的每片每刻，是否真如等待的期待，還是開了另一片荊棘海，當局者迷們如今固然無法斷定，但此人訪排於首位，望帶出的是在盛夏的舞躍起之前，一直有人在所謂的「社運寒冬」中默默。

四季之中，春日乍暖還寒袖擺不定難以劃界，雖是冬夏過渡的必然，卻往往只能事後默然。從來沒有一蹴而就，路上的每一步可能在寒風颯颯中四目茫茫，就算走過大概一瞬無痕瞬間如一，但存在過。

這篇亦是《加山傳播》第一篇專訪，《加山傳播》會開始走向文字深度長訪的路線，都是這篇專訪所奠定的。從來沒有一蹴而就，但沒有第一蹴，沒有這第一篇專訪，就不可能有《加山傳播》以後的各種際遇。而這篇專訪刊出時，曾受過幾許同道中人（政治上）的批評，大意是 Frances 絕不可能是香港打國際線的第一人。當然如今仍就此爭拗略無稽，但既然報導要全面，故在此一筆補充。

為撰此稿事隔年多再回讀拙字，一方面深感當時的行文淺幼，更唏噓不勝是，當日花大篇幅探究記者和社運，甚至政治間的安全距離，一剎眼記者如何盡力都是徒然。「當新聞自由被踐踏的時候，她覺得記者才可以發聲，因為是屬於記者要守護的東西」，但今日何止踐踏，甚至蹂躪，記者仍只能，亦只會在夾縫中求存，嘗試守著最後的一絲裂縫，在不足以發聲的空間中盡力呼吸。

再執筆一補後記時，Frances 已成取得美國政治庇護的第一人，原後記寫著的好好浪流連，闖著闖著一語成讖，家好像換了，家好像又未變過。記得她有次向我發訊，說自己已離港了，我回說早就察覺，因為社交網絡上她太刻意思鄉。不時抽身旁觀仍活躍於香港社運國際線之間的，總油然有感 Frances 走著一條看似孤獨的路，或者說是未有前人的路，但我希望她能不再如專訪中迷惘，而終能找到適合的定位，心安定所。

#攬炒巴 2020/06/23

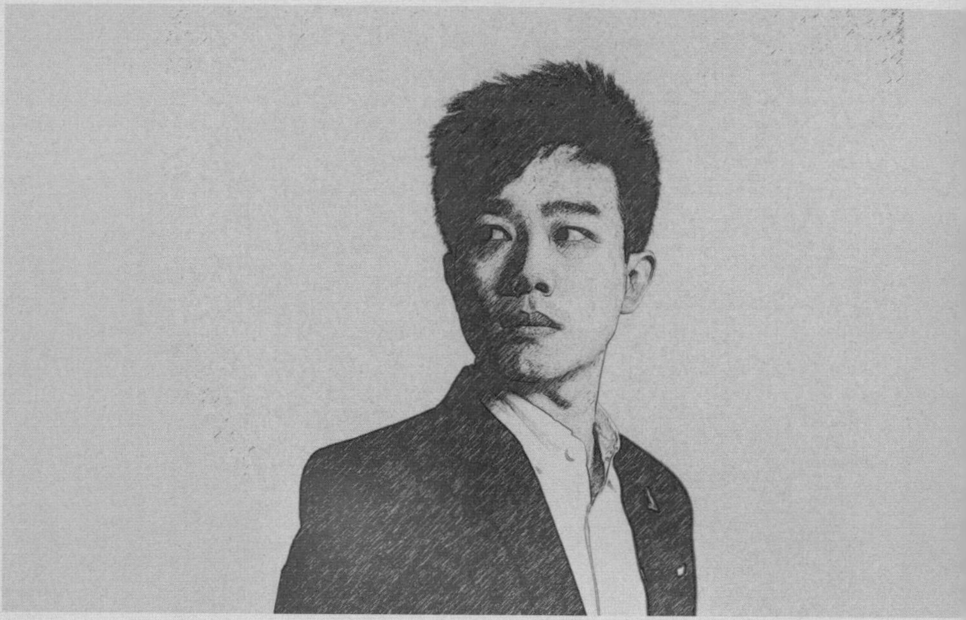

劉祖迪

攬炒的終極目標，是光復香港

五月三十，相信不少香港人均鮮有地守在各式螢幕前，還是深夜兩點半。不說還以為是哪個歐聯還是世界盃決賽夜，不少人為美國總統特朗普一句「香港已變成一國一制」暗地裡喝彩。卻猶記得幾年前，特朗普跌破眾人眼鏡當選美國總統時，當時香港不敢說一片哀號，但起碼無人敢說是好事，更沒有人想過幾年後有今日。

「政治一日都嫌長。」

由一九年六月九日103萬人上街，之後一年的歷歷在目：中大二橋、理大圍城、有人逝去，有人收監，香港的民憤像土庫曼的「地獄之門」，一燒就再也撲不掉。卻猶記得幾年前，在79日雨傘運動結束後，當時香港不敢說是再無希望，但起碼無人敢說仍然在望，更沒有人想過幾年後有今日。

「政治一日都嫌長。」

隨著特朗普在記者會上，少有地一字不漏照稿讀，正式宣告香港已不再有獨特地位，而淪為中國的一個城市。一時之間Facebook上滿滿的貼文，「攬炒」

一詞更成為關鍵詞，許多人說「攬炒」開始了，有人說「攬炒」成功了，林鄭要被制裁了。

但其實，「攬炒」，究竟是甚麼？

「攬炒」的概念在這場運動中，最先出現在一九年六月十日，在連登討論區上一個名為「我要攬炒」的巴打[1]，一個題為「【招兵買馬】召集所有未放棄既連登仔，認真分工，幫港共官員同建制派取消外國護照」。然後在數月之間，攬炒由一個人的空想，成為香港人的階段目標。

「我覺得『攬炒』同『焦土』有一定關聯，就好似兩個圓圈，中間有一定重疊，但又不盡相同。」攬炒巴提出攬炒的概念多月後，終於第一次公開闡述他心目中的「攬炒論」。

這裡指的焦土，是2014年中在香港萌生的一個政治觀念，多年來香港

1 巴打：Brother 的廣東話諧音，由網絡討論區開始使用。

人對焦土論述最大的印象，應該莫過於2016年立法會選舉，因為不滿各種現況，包括泛民主派多年來手持議席，卻對香港民主進程毫無貢獻，所以呼籲支持者在選舉中投廢票、白票，甚至投建制派，「射落海都唔益泛民」。當年對推崇焦土的支持者，都常會舉出KOL「無神論者的巴別塔」的一篇論述，認為能夠加速中共摧殘香港，以換取全民覺醒。

投票予建制，將資源拱手相讓給對手是否軍事學上的「焦土」，這裡不作討論。但「攬炒巴」承認，而站在今天回望亦不難發現，攬炒和焦土的其中一個步驟，都是要先摧殘香港。「攬炒巴」認為，攬炒只是一個手段，一個達成終極目標的手段，而這個終極目標，正是香港人近一年叫得已入腦的一句——光復香港。

光復香港一句，最先由正服刑的梁天琦於2016年立法會新界東補選提出[2]。當時光復的用意，是提醒香港人梁天琦所代表的「本土民主前線」是以街頭抗爭，爭取香港人應有權利。及後到了2019年區議會選舉，張秀賢在回覆選舉主任有關政治立場時，對光復香港曾有以下的解釋：將香港「光復」回舊日般面貌，如市民可以如往日般享受各種自由，重歸安居樂業的生活；參

2　2016年香港立法會新界東地方選區補選，是香港特別行政區成立後第7次進行的香港立法會議席補選，於2016年2月28日舉行。梁天琦為當時候選人，代表本土民主前線參選。

選者亦可以如《基本法》第二十七條所賦予而享有言論、新聞、出版的自由，不會因為政治傾向而被取消參選資格；選舉主任可以回復專業，不受政治問題的干擾。

「我覺得光復香港，應該係令香港可以拎翻應該要有嘅言論自由，文化，經濟，國際視野以及民主。」[3]重提自己於去年八月中的一篇文章，不難看出「攬炒巴」對「光復香港」的想法和其他人相差不遠。他補充香港的各種權利由上世紀五〇年代起，已經被中共政權壓迫，指出從二戰後的五、六〇年代起，英國在全球推行殖民地民主化，唯獨香港在中共政權的各種實際和口頭的威脅下，如六七暴動、暗示出兵武力收回香港等，使英國最後與中國談判下簽訂《中英聯合聲明》。

至於這份聲明今日是否仍行之有效，在中國人民代表大會強推香港國安法後，彷彿一個羅生門。

「主權移交之後，打壓就變本加厲啦！」「攬炒巴」一連數出幾個例子，如他口中是「假政改」的2007年政治改革、國民教育、甚至近日的中學文

3 「我覺得光復香港，應該是要令香港重新取回應有的言論自由，文化，經濟，國際視野以及民主。」

憑試取消歷史科試題，另一方面又有人大釋法緊接著DQ立法會議員[4]，各項自由如言論、出版自由都逐漸消失。他形容，現況是一個活生生的「制度扭曲」。他認為經歷近七十年的打壓，香港卻一直只淪為中國的解套，成為中國謀取經濟利益的白手套。唯有攬炒將香港的獨特用途失去，才能最直接撼動中國。故他從一開始提出攬炒，第一個目標就放在中共及香港官員，以及其家人身上，目標要令他們都失去在外國擁有的一切，包括國籍、資產等，令他們也要一同承受制度被扭曲的香港，「自己種嘅自己受」。

「攬炒」彷彿在上月底迎來曙光，特朗普一番強烈措詞，伴隨一系列制裁措施。「係唔係你心目中嘅攬炒？」很快就獲回覆一個肯定不過的否認。他認同美國正式宣布一國一制，是通往終極攬炒的其中一個里程碑。「不過，香港人距離正正式式成功攬炒中共仍然有一段距離。」「攬炒巴」認為，到取消美港關係法，到香港正式步向一個極端，就是終極的攬炒。

今時今日「攬炒論」深入民心，「攬炒巴」在連登一個帖文，在Telegram頻道的一篇文章都可以一呼百應。不過，幾年前一個已被取締的組織「香港民族黨」召集人陳浩天，也曾提出要取消美港關係法，甚至為此作出聯署時，當

4 Disqualify的縮寫。香港政府會使用取消參選資格作為手段以控制選舉結果。

時香港不敢說人人唾罵，但起碼不成氣候，更沒有人想過幾年後有今日。

在特朗普的記者會結束後不久，陳浩天就在自己 Facebook 上舊事重提，指當時「一開頭講，直情冇人理。後來再講，開始多人鬧，又話冇可能又盛。」[5]

該篇貼文的第一句，是「政治果然一日都嫌長。」

「攬炒巴」直認不諱，指取消美港關係法的終極目標，陳浩天的確才是提出此反制手段的第一人，又慨歎當時「係一個大眾尚未太明白嘅政治主張」。不需無人問寒窗十年，短短三年同一套主張便「一舉成名天下知」，「攬炒巴」認為是時勢造成的變化，加速了香港人的承受力，套他的說法是「香港人覺醒」。

「今日同當年最大嘅唔同，係人心。」「攬炒巴」認為香港人經過六月一連串的示威，看清政府的心狠手辣，視百姓如蟻民，加上數之不盡令人不寒而慄的警暴，香港人始明白「攬炒」的必要性。

5　「一開始說時，根本沒人理會，後來再說，就有反對聲音，說這沒有可能。」

「攬炒真係打入香港人到，都唔係馬上啦。」[6]他指到7月1日才第一次在街頭上看見有市民支持攬炒，手裡舉著「If we burn you burn with us」的標語。「攬炒要成功，首先要係香港人展現到一個意志。」他不斷重申攬炒缺不了的，是民間展現抗爭的決心。變相亦講出攬炒和焦土的最大差異——焦土予人一種消極地擺爛的感覺，但攬炒是讓人覺得，是主動地將情況推向極端，甚至尋求外力加快整個過程。況且，焦土是焦泛民的土，但攬炒是攬中共的炒，對象都不同了。

但許多人仍然不明白「攬炒論」的道理。如公民黨主席梁家傑在特朗普的記者會翌日，在記者會上指自己多次出訪美國，都希望底線是保住香港獨立關稅區的地位。「攬炒巴」認為，到今時今日依然對中共政權在幻想，仍然希望能在一國兩制原則下，將已禮崩樂壞的制度修補是自欺欺人，不切實際。「就好似大家都讀過嘅《六國論》，面對中共七十多年嘅打壓，香港人仲要不斷退讓，同抱薪救火有乜分別。」又反問如果反對攬炒，反對取消美港關係法的目標，眼前的局面是否有更好的解決方案？

他以「破花瓶」作比喻，香港的一國兩制就是這個被打爛的花瓶，當然可

6 「就算攬炒真的被香港人接受，也不會是馬上的事。」

以嘗試將花瓶拼回，但到注水時一樣會漏水，那倒不如「大破大立」，重新再弄一個新的花瓶。

「攬炒論」的破立問題，在近一個月浮上水面。劉細良在今年五月十一日，於「城寨」的一個節目中，對「攬炒巴」作出回應時就提到，本土派應該做好成為主流的準備。當中令人在意的，是提醒本土派要「破而立」。他認為本土派過去許多論述都過於守勢（defensive）。以攬炒論為例，中共政權近日不斷針對論述作攻擊時，卻只見到自圓式的回應。劉細良認為眼前的重點應該放在立的部分。

「『攬炒論』嘅『立』究竟係咩？」這應該不只是我關心的。大概誰也沒想過，在節目不到一個月後，破的部分已經開始了，變相亦令「立」的部分開始變得重要。

然而「攬炒巴」也不見得能給予一個肯定的答案。「我覺得咩係『立』，真係好睇局勢而變。」[7]他覺得在現階段很難下一個定論，因為今日的一個答案可能會影響全局。

但他重提五月初時，他提出的「港版下議院」。當時他建議香港仿效外國的議會制度，由香港的區議會訂立一份社會契約。這個概念背後的理論追溯回來，更早提出的是中西區區議員葉錦龍，在二月十日於Facebook上拋磚引玉，當時就提到區議會作為經294萬名已登記選民的民意誕生，全民選的地區議會（筆者按：479席中只有79席為當然議員，由各鄉事委員會的主席擔任，但此主席的產生本來就有民意基礎），本來就有廣泛的民意基礎，而相比起立法會有功能組別的存在，區議會何謂百分百代表民意，而且組成人員更廣。

在全球的不同民主國家，凡是採取「上下兩院」制度圈都能找到類似區議會的存在，如美國和日本的眾議院，英國的下議院。「攬炒巴」認為區議會絕對有這個潛能，只是過去一直被港英政府和中共政府扼殺。「如果區議員一直只視自己係一個諮詢嘅角色，其實選個位翻嚟都唔係做到幾多嘢。」[8]他指區議員這個代議士的身分永不能改變，故此更應該要作出制度上的突破，「有權用盡」，像區議會的功能盡量推延。

7 「我認為甚麼是『立』，也視乎局勢而變。」

8 「如果區議員一直只視自己是個諮詢的角色，那其實選上了也不能幹甚麼。」

在追問下，他亦承認就此，立法會（區一）的當選議員將會十分重要，因為他將變相擔當起議長的角色，要捍衛和推動區議會在政治上的權力。

「如果有一、二百個區議員有執政嘅意志，成件事都已經差好遠。」而事實上，六月六日十七個由民主派主導的區議會將聚首一堂，舉行第一次聯合區議會大會，意味著這個概念近日即將邁出實際的第一步。[9]

在「攬炒巴」的藍圖中，香港的下議院成形後，將會授權他們團隊對外國政府進行遊說工作，令他們變相得到民意代表的授權，使遊說的工作更具認受性。而他始終相信，取消美港關係法，才是破的最關鍵，亦是為了獲得一切授權時需要全力推動的首要目標。

但取消美港關係法就衍生一個問題，許多人對「攬炒論」百思不得其解，是因為香港的地位完全由美國賦予，當香港一切特殊地位在攬炒之下全部被取消，香港本質上即等同無價值。但「攬炒巴」卻堅信香港能夠穢土轉生，在失去一切後仍會受國際支持。他引用日本學者濱下武志所提出的《香港八大腹地理論》：香港的國際腹地（即文化、經濟勢力範圍）可劃分成八份，包括東亞、

9 作者註：筆者執筆時此會仍未開始。

華南、東南亞、南亞等地區。「攬炒巴」指，香港自1997年主權移交後，一瞬間視野只落在北方，「將面向世界嘅眼光轉向中共，追求短期經濟暴利不擇手段。」

近日不少評論文章，不論國內外，都不約而同形容一場新冷戰正逐漸成形，一方依然是美國，只是對手由蘇聯變成中國。而此時的香港受盡中國政權的苛刻，同時渴求美國伸出援手，難免予人一種淪為大國博弈中桌上籌碼的感覺。「攬炒巴」對此則不以為然，「只要我哋唔忘記八大腹地，以至於國際舞台，香港重生嘅機會就好大。」他覺得歷史上有太多例子可以被視為香港的參考，在大國之間周旋不等同成為籌碼。他亦指出香港過去的成功，乃由過去二百多年來香港人的努力慢慢建立而來。當中成功的因素，有英國人以香港為本位的施政、美國的特別待遇等等，但最重要的，是香港人作為海洋民族的思維同智慧。

「香港人可以憑1997年前百幾年嘅國際經驗，創造屬於自己嘅未來。」

當說到海洋民族，不其然就會想起《香港民族論》一書。事實上民族論一書亦有提到和「海洋民族」類近的觀點，全書篇幅最長的第八章，由徐承恩所撰寫的〈城邦述事：香港本土意識簡史〉中，文中第一小章節就提到海洋社會是香港意識的發軔期，指出福佬及蜑家人的海洋族群文化與中華帝國體系格格不入，香港在本質上和其他體系有大異上的差別，就此，香港本土歷史的縱深就被大幅加闊。建基於「攬炒論」缺少「立」的立場，在「攬炒巴」提出海洋民族的觀點時，不禁追問他「若以《民族論》作為『立』，攬炒論為破」，他會否接受這套互補不足的折衷。雖然只換來「對《民族論》印象深刻亦大致認同」的一句，但「攬炒巴」亦特意點出，《民族論》中的自決，在現時他認為是「唔現實嘅做法」。

當然誰也料不到，攬炒說了快一年，爭取著爭聽著，忽然對手一個投懷送抱，如狼似虎的一個香港國安法，攬炒的第一炮就成了了。但成了的背後，國安法的存在依然不容忽視，特別是哂然針對「攬炒團隊」所聚焦的「國際線」時，「攬炒巴」亦承認，國安法對團隊在各方面都有著的影響，而且十分即時。

「最明顯咪幫攬炒呢件事加咗士氣分。」[10]他將影響分成香港本土和對外國際層面，指國安法最大的影響無疑是在香港站在政權對面的每一人。在法案條文一日未正式公布前，當然誰亦料不到影響有多大，但從一些建制派中人的放風，當連「結束一黨專政」都有可能被以言入罪，不僅宣傳「攬炒」變得困難，變相亦預示報章和網媒將不可避免的需要自我審查，連帶壓迫到言論和出版自由。

國際層面上，他認為「國際線」在過去一年的變化，令國安法的影響能夠收至最細。打「國際線」的概念一直都存在，只是由上世紀八〇年代到去年五月前，一直都集中在部分的政治明星身上，如回歸前有李柱銘，國教風波後有黃之鋒。「佢哋嘅努力有一定成果，我唔會話係好定壞，但我相信佢哋都係想香港好而做。但「攬炒巴」認為，過去香港人過分依賴政治明星，將所有責任和重擔都往他們身上推，令香港在「國際線」上長期缺乏人手，亦變得被動。

真正令局面產生變化，「攬炒巴」覺得要由2019年5月，Frances Hui許穎婷一篇 I am from Hong Kong, not China 講起。這篇文章當時在美國和香港都引起頗大迴響，而「攬炒巴」就直指文章對香港最大的啟發，是「開創咗香

---

10 「最明顯咪就是為攬炒加強了士氣。」

港國際戰線嘅草根時代」。因為那篇文章，令許多香港人無論在港或在他鄉，都忽然明白到原來「國際線」的門檻可以很低，低得只要你想參與就可以參與。

「嗰陣世界各地都有唔同香港人，想搞六月九日個集會。」[11]「攬炒巴」形容「是 Frances Hui 的文章起了作用」，或許就是當日埋下的種子，成就了今日「國際線」遍地開花。「所以我六月十日喺連登開 po，想招兵買馬，搵人幫手一齊用法律理據向外界解釋，好快就搵到人。」[12]這些事情在過去的香港，一定會被冠以「無咩可能」的帽子後就無疾而終，但如今的香港人明白到「只要有一絲希望，都唔理一切試咗先」。

「攬炒巴」不忌諱地承認，由去年六月成軍到今日，一路走來許多目標都未成功，但「正因為我哋未成功，我哋先會鍥而不捨努力，去嘗試達成當初訂立落嚟嘅目標。正因為未成功，我哋先會不斷突破自己。」[13]他覺得今日香港人打「國際線」，經常不按常理出牌，因為不管會不會成功，「反正就試咗先」，所以亦會有意外的成果。如去年八月三十一日，「攬炒團隊」秘密安排英國保守黨議員 Bob Seely MP 來香港，就讓他親眼見證許多街頭抗爭情況，更重要是令他目睹香港第一次出動水炮車對付示威群眾。

11 「那時在世界各地也有不同香港人，想舉辦六月九日的集會。」

12 「所以我六月十日就在連登發文，想招兵買馬，找人幫忙以法律理據向外界解釋，很快就找到人。」

13 正因為我們未成功，我們才會鍥而不捨努力，去嘗試達成當初訂立的目標。正因為未成功，我們才會不斷突破自己。」

「831太子站慘劇發生嘅時候，Bob Seely MP 係搭緊車去香港機場，但佢當時喺 twitter 即時睇到速龍點樣衝入車廂暴打市民，更即刻聯絡返我哋團隊，睇下有咩幫到手。」[14] 而正是「攬炒團隊」的邀約，令 Bob Seely MP 不斷在香港被一幕又一幕的畫面衝擊，造就他日後成為英國跨黨派國會香港小組副主席之一，持續於英國政壇為香港人發聲，並爭取 BNO 權益。[15]

近一年「國際線」的發展雖令香港人減少對政治明星的依賴，不過「攬炒巴」認為國安法對「國際線」始終有一定影響。「失去咗好似黃之鋒呢啲戰力，對『國際線』戰力一定有損，而且唔知幾時先會補得翻呢部分嘅戰力。」[16]

另一方面，「攬炒團隊」亦被逼提早啟動眾籌計劃，五月二十九日在網上發起眾籌，希望目標籌到175萬美元，以支持「攬炒團隊」未來兩年的各種支出，在世界各地進行不同類型的活動甚至運動。「攬炒巴」指按本來的打算，眾籌計劃起碼會在一年甚至兩年後才誕生，「本來係想撐埋呢幾年，到時候先再諗繼續定解散團隊」[17]。

但香港國安法的出現，令這次可能成為他們最後眾籌的機會，因為在國安

14 「831太子站慘劇發生時，Bob Seely MP正在坐車去香港機場，但他當時在twitter即時看見防暴警察衝入車廂暴打市民，就馬上聯絡我們團隊，看看有甚麼能幫忙。

15 作者註：執筆之時，剛傳來英國首相約翰遜（Boris Johnson，台譯鮑里斯．強森）在《南華早報》撰文，指若國安法成事，或將放寬對持BNO港人的限制。

16 「失去了黃之鋒這樣的戰力，對『國際線』戰力一定有損，而且不知何時才能補回這部分的戰力。」

17 「本來是想撐過這幾年，到時候再想要繼續還是解散團隊。」

法立法後，在可見衝著打壓「國際線」而來時，相信再無可能就此再募集香港人金錢上的支持。

有意見認為籌175萬美金的金額太大，根本不可能要這麼大筆的洗費。「攬炒巴」表示「用唔曬咪捐翻出嚟」[18]。他解釋若將175萬細分，一年只得80萬美元的洗費，而「攬炒團隊」所開拓的「國際線」，遍布美洲、亞太區和歐洲，在細分下去在每個國家所能動用的金額「只係啱啱夠」[19]。

「我哋全部都只係素人，無政治明星。」他解釋最大筆的洗費是請外援，在某些地方「攬炒團隊」缺少人手，甚至近乎零人脈，就需要出錢請外援，更形容這是國際線草根化下，缺少政治明星的副作用。

香港國安法之下，的確加速了攬炒的進程，但同時亦令攬炒的前路變得步步艱鉅。「攬炒巴」亦慨嘆，現時的局勢只能見步行步。「香港人都睇到今年五月嘅發展有幾戲劇性：美國已經確定香港無咗自治嘅地位，正式係一國一

— 18 「用不完就捐出來」

— 19 啱啱：剛剛。

制，距離取消香港關係法好似只係一步之遙，但呢一步要好似探石仔咁慢慢邁進。」[20]

「攬炒巴」認為，最終攬炒成功與否，取決於兩大因素，其中之一是國際的支持。他指如果無國際制裁，單靠香港人街頭抗爭，絕對沒有足夠力量攬炒中共政權。美國若取消關係法，甚至禁止中國公司在美國上市，將會是強而有力的國際支援，對香港先破後立絕對有利，而除美國外，亦需要爭取不同國家如英國、歐盟、澳洲、紐西蘭等等支援香港。

又再套回文首的「政治一日都嫌長」，誰曾想過美國一宗警暴和種族歧視事件，能夠演變成近年最大規模的示威，並演變成騷亂。當然這種演變，或多或少帶著「選舉近了」的背後操作，但亦道出一個殘酷又可愛的事實——民主社會的一切能變得更快更措手不及，說不定特朗普年尾就敗選，「攬炒團隊」和香港人一年來的努力和犧牲就通通如幻影。（本文於2020年6月23日刊登，特朗普已於2021年敗選離任。）

「攬炒巴」承認，各國的政治形勢都變得很快，需要小心處理，亦警

---

20 「香港人也看見今年5月的發展有多戲劇性：美國已經確定香港沒了自治地位，正式一國一制，距離取消香港關係法好像只是一步之遙，但這一步要積少成多地慢慢邁進。」

惕香港人應該要更具有國際視野，小心言論，「而唔係做一個國際 Crying Baby」。亦提到除美國外，其他國家對制裁中國都採取曖昧態度，故在看不見對岸的未來，「國際線」仍有無盡的石頭要摸著走。

而國際是否支持香港，「攬炒巴」依然深信取決的，是香港人攬炒中共意志。「如果香港人自己都無同中共決一死戰嘅決心，國際係唔會將中共同香港人區分出嚟，亦都冇義務救香港。」他認為既然香港人明白到「當香港失去國際地位，缺少呢份幫助嘅中國同樣唔會好過」[21]，「攬炒中共」已經成為主流時，香港人就更應該咬實牙關，速戰速決。

「政治一日都嫌長。」

他寄語香港人在國安法下，對抗中共的日子絕對不會好過，所以更應該尋找方法，保存並對國際展示香港人的抗爭意志，「執生啦！」[22]

---

21 「當香港失去國際地位，缺少這份幫助的中國同樣不會好過。」

22 執生：見機行事。

後記

托人聯絡「攬炒巴」作專訪時，香港國安法的消息才剛出爐，到香港人引頸盼待的攬炒出現時，才剛取得「攬炒巴」的聯絡，所以專訪能問到對國安法，甚至美國總統特朗普一番義正嚴辭的看法，全部都只是無心插柳。而又，在訪問進行當下，「攬炒巴」仍未是劉祖迪，大眾不知道，我亦然。

「攬炒論」被提出以來，一直都無一篇長文詳述所謂何事，筆者對「攬炒論」一直有不少疑惑，相信許多香港人亦然，但既然米已成炊，作為同熱愛這片土地的香港人亦只能坦然面對和接受，亦因此就專訪設題時，都盡量以質疑的態度來出發，拙文亦更多聚焦於「攬炒」一事上，望略為整理一九年其一中心思想的脈絡，起碼能盡量解答大家的種種問號。畢竟攬炒這回事，香港人是需要「能同生，能同死」，那麼在從此一起覓勝地，逃離人類荒謬前，起碼不要留下心中太多傷痕。

如今再細想，對普羅大眾而言許多政治思想的正確脈絡，重要性可能實不如想像。作者已死，受眾各會，文中亦有略提起「光復香港」，然則無論上文陋釋，或是後來李立峯教授在高等法院中為唐英傑案的振振之論，俱無法一詮普羅心中所意。八字（光復香港、時代革命）依然揚名時，或者只再證「政治一日都嫌長」。

而當政治一日都嫌長，一年兩年就恍如隔世。定稿時國安法剛正式定文，霎眼文中所述抑或回讀已一淪空談，抑或讖成預言。「港版下議院」有如曇花，當日全港議政平台上出席眾者，今日更多正受下議院庇護；本土派的確成為主流，但成為主流後，沒甚麼依舊。

專訪有一條問題我並無寫下，但在後記中還是決定寫出來。劉細良提起的破而立，當中引例「趕走自由行是為了吸引高質旅客」。無論是幾年前的《民族論》，還是今日的「攬炒論」，我們都不難發覺，有那麼一小撮「同路人」似終不能接受，如「長毛」梁國雄，直到最近依然指自己是中國人。

「認唔認同攬炒係變調版嘅『建設民主中國』？」筆者認為若然攬炒成功，中國將與香港玉石俱焚，是否傳說中的「支爆」[23]說不準，但肯定會導致中共倒台，之後可預見的路就絕對有「民主中國」的選項了。換言之推動「攬炒中

23　支爆：支那經濟泡沫爆破。網絡用語，用以對中國經濟的詛咒。

共」，其實就是在同一平行線上推動「民主中國」，「攬炒巴」亦承認性質上幾無衝突，但對說法卻不以為然，始終今日本土派對中國的一切都排斥非常。

和「攬炒巴」的對談時，曾提起香港國安法可能有追溯期，當時還打趣笑說「可能我出呢篇專訪，都已經中咗國安法。」結果到下筆補完此後記時果真一語成讖，回想大半年來甚麼死亡跟蹤威脅都經歷過，甚至被真槍指頭也遇過。

誰不想能無懼無憾的，可做我。

在特朗普說出「香港已經是一國一制」的那個深夜，Facebook 上滿是香港人的共勉，約定香港人在捱過黑暗後，在未知那遠路裡，一同看曙光初露，時代飛舞。希望這篇專訪能令香港人在步入黑暗後，開始攬炒時，始終也明白最初。

爆眼教師 2020/07/27

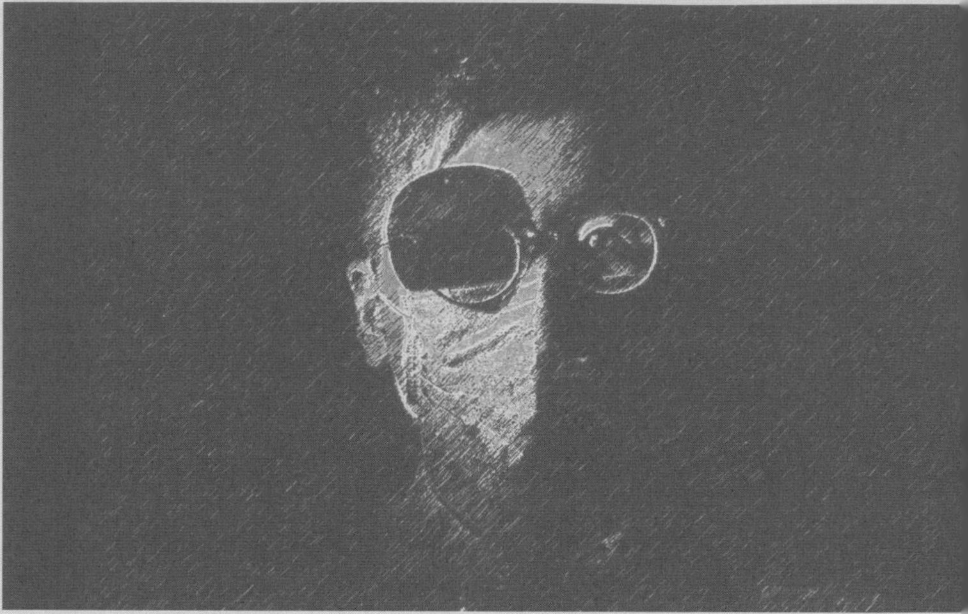

楊子俊

通識科
點一盞燈，
有燈就有人

隨著教育局宣布全港再度停課，今個學年在紛紛擾擾中終到結章。一年間從炎夏走到嚴下，多少建制中人抨擊通識科，林鄭月娥亦再多番表示通識正被檢視。暇日過後，不斷被嫌的通識科會認來甚麼樣的轉變？

在炎夏中被奪去一眼的教師楊子俊，正好任教通識科，八月十八日，他在自己的個人專頁上表示，因任教的拔萃女書院明年取消中三科通識，故在人手縮減下，他將不獲續約，儼然成為通識科的第一個犧牲品。

「我覺得通識有可能三年後，唔再係一個必修科。」楊老師劈頭就道。女拔萃在早年已經先行取消中一、二級的通識科，楊老師形容，以女拔的「超然地位」，作任何決定必然事出有因。所謂的「超然地位」，和女拔的校長劉靳麗娟不無關係。身為前財經事務及庫務局局長劉怡翔的夫人，同時為青海省政協委員，楊老師指出，劉校長作為當年通識科的重要推手之一，以女拔對通識科重視程度的轉變，「一定係收到一啲風，先會有一個咁現實嘅考慮。」[1]

眼前通識科走下必修舞台指日可待，回顧八年歷史，通識科被達官貴人指洗腦，影響莘莘學子，犯下如此「大罪」，楊老師認為通識科初期「十分成功」。

1 「一定是收到內幕消息，才會有這麼現實的考慮。」

通識的原意，乃令學生透過探究各類議題，以擴闊學生的知識基礎，加強對社會的觸覺，但八年來，被加強的卻不單只學生，還有老師。

「好多老師係場運動裡面，做吓家長車，而呢班唔少都係通識科」[2]。楊老師指，一個正常人只要多看報紙，不難發現社會的問題根源統統源於政府，而通識科的出現，令更多老師獲得啟發。他認同通識科的確有洗腦的功能，更拋出當年經「反國教」而嶄露頭角的學民思潮作例，成員皆表示因為通識令他們感受到更多，而往後的故事，香港人亦一同閱讀和譜寫。

然而通識科的問題，幾乎人所共知。只要稍有涉獵，隨口也能數出幾個：淪為操卷科、過分精簡、三年教三百年。每一年 DSE[3] 通識科的題目，都會被放大檢視，然而每年都不難發現，明明有六個單元，但香港和中國肯定是不動王牌，就差在如何出章。而要學生在兩小時內，交出一篇如八股文的時事分析，結果考生往往只能搬出「蔡子強式」的答案，「可持續發展」、「人類需求層次理論」這些字眼，每一年都被囫圇吞棗地出現在答題上。

楊老師深有感觸，指即使在過去幾年間，通識科曾有過不同修改，將一些

2 家長車：開車到抗爭現場接送抗爭者的人。照顧抗爭者的人被稱為「家長」。「很多老師在這場運動裡都會做家長車，而這群人不少也是通識科教師。」

3 DSE：香港中學文憑考試，為中學畢業試。

重疊的內容減走，但都僅屬「小修小補」，「本質上嘅問題其實無改變過」。他笑言自己作為通識教材的編者，有份貢獻令學生更容易在考試制度中佔便宜，又指通識科作為較新的科目，「真係有好多問題存在」，但不能抹去的，是通識的而且確逼小眾學生關心時事，從而啟發無限可能。

所以通識是導致今日香港社會政治的理由嗎？未必，楊老師直指問題的根源是「政府廢」，多年來不同的問題未有解決，只有累積，再加上一些影響住香港未來的新問題時，屬於未來的中學生自然會有感受。「當個社會政治問題太大，根本唔使通識科，都一樣會全民參與」。

與其說通識令中學生多接觸時事，「其實社交媒體已經做到無孔不入」。楊老師舉例去年（2019年）抗爭運動期間，不同社交平台充斥的資訊，對年輕一代的影響力，絕非一個通識科能夠做到。況且通識科亦走不出香港教育的「傳統命運」——求分數而非求學，當老師只教學生如何答題，而非背後的道德論理，「有無令學生見識多咗，我諗有嘅；但話令學生有感受，我就有疑問啦。」[4]

4 「有沒有令學生見識多了，我想有的；但說令學生有感受，我就有疑問啦。」

況且通識在政治層面的教育就不甚足夠，早幾年將「政治全球化」的內容刪除，香港政治亦只教立法會有不同界別，至多也就答題時寫上「公民參與」。楊老師認同通識真無多教政治，「就算有都 cut 晒」。他力陳例子為通識科「洗白」，指課程內容允許教授學生中國政制、一黨專政等內容，「但都唔考，仲邊個會教」，再加上不同學校對通識科的自我審查，要強加「誤人子弟」的妖罪魔名在通識之上，又不怎說得過去。

通識行之八年，政府及建制中人頻頻放風，一副急於將通識推倒的姿態。楊老師明白從教學潮流來看，重視數理科的 STEM 才是大勢所趨，學生已不再需要太多人文學科的知識，將通識矮化成一選修亦符合現實。然而「氣已呼、燈已點」，通識科在教育界已打下根基時，楊老師堅信一日通識科「念念不忘」，對學生的思想教育「必有迴響」。

常言「當局者迷、旁觀者清」，身陷泥水中，就是蓮花也難避一染。在抗爭運動中被奪走一眼的楊子俊老師，六月中被任教的拔萃女書院（下稱女拔）

通知，將不獲續約。放下教師的身段，終於能事不關己地評價，回頭一望，楊老師有感池水或快成淤泥。

先是無限次對通識科的威逼、再到浪接浪的投訴、最近還有更大的籠罩。楊老師直言，教師同仁的適應力，或是造成局面快速惡化的助力。「老師好多都好保守、好乖」，但卻又是無奈之舉：當身後是一群群未見世面的學生，要讓他們共同面對大風大雨，抑或成為春風化雨的過篩，答案其實呼之欲出。

然而現實放在眼前，對教育界的虎視眈眈早就磨刀霍霍。對通識科的各種批措抨詞，近幾年間如長空雷暴響過不停，所有人都很清楚通識科已淪為政權的眼中釘，不斷有壓力望將通識科閹割，不要再說政府的不是；甚至巧立名目，將幾年前被拒於池外的國民教育，以通識做幌子暗渡陳倉。

楊老師舉例自己前任教的女拔，早一兩年已推行一個大型計劃，就著大灣區進行專題研習。「但明明大灣區已經無咩可以講」，女拔一於少理要求全校所有學生一同參與，甚至老師亦沒有例外，而包裝這顆「毒藥」的糖衣，正是通識科的「現代中國」單元。過去幾年政權不斷嘗試，使用閹割法對教育作小動作，但無論政權如何修改通識科的教材，有些對他們敏感的主題根本難以避免，「教公共衛生，一定會講到武漢肺炎；又或者能源科技，仲講唔講三峽大壩」，但再長此下去，楊老師明言，可以預示通識只會慢慢變質，而且「有好大空間，可以畀佢哋大條道理咁去做」。

女拔的例子只是冰山一角，亦因女拔校長劉靳麗娟「根正苗紅」，才能如斯明目張膽。事實上，雖然德育及國民教育科早年被殺個五馬分屍，但卻在之後數年間穢土轉生。教育局不斷資助學校舉辦交流團，目的就是要向師生滲透中國「富強」的思想；而一些「外交盃」、「基本法問答比賽」，屢受貪慕虛榮的中小學積極參與，但背後目的也不過是希望灌輸學生，關於中國的思想理論，儼如變相的洗腦。

而隨著七月初的新頒布，教育局局長楊潤雄早已明示，來年對學生施加「新課程」勢在必行。楊老師指類似的「強加一啲以為啱嘅嘢」[5]在教育上之行為，未來數年將成政權慣用的手段。之前已經有要求新入職老師，先要接受90小時的培訓，當中至少30小時，要參加相關「教師專業角色、價值觀與操守」及「本地、國家及國際教育議題」兩大範疇的課程或活動。楊老師直指是「浪

5 「強加一些以為是對的東西。」

費時間」，因無論政權強加多少，老師亦有千萬種方法應對，「可以用好被動嘅，用最沉悶嘅方法去教，學生自然唔會吸收」，只要老師尚有些少血性，在無形反抗下，很多事根本不可能成功。

卻新課程成功與否一回事，但香港近日的白色恐怖，在教育界早已彌漫。

近年不時有老師被教育局發信抨擊，嚴重者最後甚至失去教席，而且例子比比皆是。七年前，林慧思老師與警員爭論時「爆粗」一事，當年警民關係未如今日緊張，卻已引來不少建制中人大造文章投訴，時任特首梁振英就要求教育局提交報告，可說是為今日的情況敲起「喪鐘」。

而今日教師要面對的，卻是被教育局「武器化」的投訴機制。楊老師指，教育局已有內部指引，要求學校在聘請一名新教師前，要先檢視教師是否曾被發警告信，更甚者連「正被調查」，學校可能也要思量，是否要冒險聘請。楊老師形容，「正被調查」已能抹殺一個老師，情況形同有罪推定，然而被投訴的內容卻可以非常無關痛癢。可以是在社交媒體上寫一句「黑警死全家」，甚至只是容許學生在校內「唱唱歌、靜個坐」。但正當如此大量政治化的投訴湧現時，同一時間教育局亦成立專責小組，專門應對這類型的政治投訴。

「過去呢類投訴，只會向學校提出，真係要直接上到教育局，係牽涉到貪污、性罪行等個人操守問題」[6]。楊老師指當他中槍，及後再被控暴動時，女拔萃亦收過不少關於他的投訴，而不單女拔，基本上每間學校都有一個行之有效的內部機制處理，以篩走一些不合理的指控。但現時卻由教育局完全取代學校的調查角色，一旦（基本上一定會）教育局接納投訴，便會要求學校對相關教職員作出調查，甚至以所掌握的證據，強行對教師發出警告信譴責。

如此一來，教師和學校無不面對極大壓力，一旦教師慘遭「盯上」，就等同並排期送上教育界的刑場。情況最差的可能被即時解僱，或如楊老師一樣「慢性死亡」。楊老師延至今年六月中，才被通知不獲續約，他形容能夠完成合約，「算係同學校好嚟好去」，但他亦指出即使任教的通識要節省人手，學校大可將他調任其他科目，然而女拔選擇讓他自然流失，楊老師表示失望外，亦概嘆「就係機制能造成嘅結果」。

在教育界，甚至一整個香港風雨交加之時，楊老師有感學生變得越來越二

6 過去這類投訴只會向學校提出，如果真的要直接上教育局的話，是牽涉到貪污、性罪行等個人操守問題。

元對立。他指更突教育界的最重要作用——「維穩」。「唔畀啲學生喺學校度理性討論，只允許老師教單方面的資訊」，當學生再憑「連登」等接觸另一面的資訊，長遠只會令學生只得黑白，令社會的局勢陷入無限輪迴的惡化。

「真係唔好搞教育界。」

楊老師最近曾就是否出選教育界立法會議席廣納意見，雖最後決定退居推舉，但難得從泥池中抽身，楊老師回頭望只有滿臉不值和痛心。雖被一顆子彈撕裂軀殼，要放下教師的身段，但蓮花出池後，蓮藕卻仍藕斷絲連，欲斷難斷在，不甘心去捨割。

後記

香港的教育制度變化翻天覆地，通識形同殺科，被國民教育穢土轉生，國歌國旗甚至國安教育，還有教師投訴制度的問題，這篇專訪早有預言無一遺漏，當時國安法甚至尚未通過，只可惜當時社會無人留意，可能是針拮不到肉不知痛，可能是……對家長而言大不了就移民，香港的教育越差，反而令離開香港的罪疚更少。

況且其實就算有，我們又能多做些甚麼。

楊 sir 在專訪中說「真係唔好搞教育界」，是一番肺腑之言。誠然我們不能就斬釘截鐵斷定，在香港清一色的洗腦教育之下，香港從此再無思想正常後代，畢竟有多少走上街頭的根本非香港出生，在中國如此高壓之下，持正執義之士亦輩出。

私下我亦曾不斷反覆思量，在一個資訊相對開放的社會下，究竟所謂的耳濡目染能否完全影響一個莘莘學子？畢竟那些我們望之生懼的「國民教育」，在我還是中小學生的年代是有雛形，升旗禮甚麼的，誰敢說2008年北京奧運不是一場大型的國民教育實驗？但之後卻有雨傘、魚蛋、再到反送中，當中走得最前的一批，大概都經歷過北京奧運的洗禮。

後來和另一位志同道合的友人談起，他中學接受的教育出自紅得不能再紅的校園，一語道破，差別是新的教育下有虛榮，如同常年長設的問答比賽等，虛榮會令人習以為常，get used to it，然後逐漸我們不會再覺得是一種問題，就算我們知道那是一個問題，我們都不會覺得是一樣問題。

「你冇做到個壞人，但係做咗你細個最唔想成為嘅嗰種大人」[7]，我們開始為錢為三餐放下原則，名為成長的歷程，只是這不應該由最年青的一代去提早體會。「真係唔好搞教育界」，並不是擔心揠苗助長，而是要體會成長，首先要有過童真。

還有一事在後記一定要提起。

當日在訪問的尾聲確曾私下問過楊 sir 對參選立法會的看法，惟時局變化之快，令內容之後迅速過時。而在紛紛擾擾當中，楊 sir 始終能夠時刻保持站後一格，客觀分析自身和外在後再作決定，亂世之中這份冷靜沉著，時刻反省的態度，都不由得令人起敬。

7 「你沒有做到壞人，但是做了你小時候最不想成為的那種大人。」

經歷過年半的高低起跌，不難發現有人戀棧虛榮，即使光環已盡仍盡力刷存在感（成堆前區議員都係啦）；或有更多心灰意冷，口頭勇武幾許後靜靜回港。而楊 sir 現在做的，不單是不求回報的實事，更是紀錄香港的之後，為他人的灰心保存希望，是更大切的難得。

075　Hidden Track：d8Tq9gdUdrs

#47 人案被告 2020/08/08

呂智恆

任何
不妥協的人
都是抗爭派

1531，812，2656，9813。四個看似隨機的數字，是呂智恆由一五年首次參選以來四次選舉的得票。苦苦堅持終於有意思，本土派在初選中已成主流時，呂智恆亦終於捱到出頭天。當選民為劉穎匡、鄒家成成功出線而高興，亦有人會為343票飲恨的呂智恆而惋惜。

而我們終於知道呂智恆是誰了。有網民在初選最後階段翻出呂智恆過去的彪炳戰績，令人不得不信服，他就是一個不折不扣的本土抗爭者。時間回到2018年，當整個社會運動氛圍才剛走出低潮，面對「一地兩檢」的步步進逼，率先站出來作司法覆核的，是「長洲覆核王」郭卓堅。

其實還有呂智恆。只是一如以往，低調得總令人遺忘。還有一件事，在同年的七月一日，維園曾舉辦「大灣區慶回歸活動」，場內也有呂智恆的身影，隻身踩場對林鄭月娥高叫「香港人不是大灣區人」。呂智恆的行動每每甚少引來霓光燈，但卻因關乎到「香港本位」，而令呂智恆次次下定決心。

「香港本位」一詞，在一小時多的訪問中，從他口中重申不下十數次。他舉例六四31週年，明明是一件中國的事，但他仍在粉嶺舉辦祈禱集會，「用主權在民嘅角度去睇六四，因為呢樣嘢中國同香港都無」。在呂智恆的思想中，無論是街頭、議會，甚至國際，香港本位都應是一切的根本。

而這個堅守的信念，從第一次參選，就一直推動他。本土派在初選中大勝，呂智恆的得票比起四年前，亦足足多了9001票。「變嘅一定係香港人，唔會係我。我一直都係咁」[1]。當四年來年少的心依然輕狂，即意味著保守的香港人已成過去。他認為結果反映香港人「開始覺醒」，明白在體制內亦需要民意的授權，集結「香港本位」思想的力量。

亦正是這直率的念頭，在退出地區直選戰場後，呂智恆的目光很快又放在社福界別。本來就是社工出身的他，在「讓本土成為主流」響徹初選時，跳出初選的他挾著初選的人氣，打著「讓腐敗被邊緣化」的口號，進攻矛頭直指向香港社會工作者總工會（社總）。「社總根本係社福界嘅民主黨」，呂智恆力陳社總過去的種種不是，「大三罷又無咩人參與，不合作運動又搞唔成」[2]，簡而言之太保守，並非時代所需要的抗爭派。

敢問呂智恆：誰是抗爭派？「在任何崗位上，唔會有任何妥協餘地，就已

1 變的一定是香港，而不是我。我始終如一。

2 大三罷：罷工、罷課、罷市。

經係抗爭派」。呂智恆指出，社總往往會因「業界利益」，而成為既得利益者，被政權收編；但眼前的形勢有許多社工寧願犧牲小我，社總往往卻視而不見。

在呂智恆的藍圖中，他一直有深感立法會最終只會「35-」，「『35+』[3]只係理論上可能」，反正就算有35+，最終只會有議員被DQ成「35-」。「當然『35+』係一個好嘅遠景，最終會令市民明白體制做到嘢得好少」，但亦正因如此，呂智恆認為在抗爭的時代下，社福界「需要與抗爭者傾策略部署」，例如發起業界不合作運動，但然社總所推薦的人選，離地得擔當不起時代的要求。

但又何以相信呂智恆貼地？回望呂智恆過去出選的理由，可能是最佳的證明。去年（2019年）6月29日，大學生盧曉欣以死相諫，留下「反送中」遺言後一躍而下。呂智恆有感年青人覺得抗爭路上孤單，於是在當區盛福出選，甚至因守護粉嶺連儂牆被控阻差辦公。最終被新民主同盟「鎅票」[4]而落敗，但事隔一年曉欣死忌的悼念上仍有呂智恆身影，以吉他聲帶領來人悼念。

事實上每個月陳彥霖和周梓樂的悼念[5]，不論人多人少，他和吉他聲都從不缺席，很多香港人都或見過他，卻就不知撥動琴弦者，正是呂智恆。若只為

3 35+：在反送中運動後，民主派在2019年香港區議會選舉取得壓倒性勝利。民主派支持者希望乘著這股氣勢在立法會選舉中取得同樣的大勝，獲得過半數席位（即超過35席，俗稱「35+」）向特區政府施加更大壓力，迫使政府回應五大訴求。

4 鎅票：Vote splitting，候選人被政治理念及立場相近的另一位候選人分薄票源。

5 陳彥霖（2004-2019），2019年9月在海上被發現時為全身赤裸的浮屍，而警方調查後認為其死因無可疑，引起社會廣泛質疑。周梓樂（1997-2019），2019年11月警民衝突期間墜樓失足，為首位於反修例警民衝突現場附近受傷並喪命的人。

選票而「做戲」，又豈會一做就做上一年？卻又諷刺地，初選中力壓他的，又是新民主同盟。

屢敗屢戰，屢戰屢敗，呂智恆亦慨嘆這次很可能是最後一次參選。「係人治嘅年代要睇官做人」，他坦言對自己的阻差辦公案已打定輸數。按《立法會條例》，任何人如果被裁定犯罪，被判處三個月以上的監禁，定罪後三年內將喪失在立法會選舉中獲提名為候選人及當選為議員的資格。「但三年之後香港係點，又有邊個知啫」。

的確，誰想過明天香港會係點。2016年梁天琦自由地喊出口號時，僅得數萬人和應，數年後當梁天琦自由被剝奪，同一句話卻一呼百應。「我一六年已經覺得楊岳橋係『9up』」[6]。可能正是這樣的信念，初選論壇上對楊岳橋咄咄逼人，一副非要將人弄成屍體再跨過的氣勢，贏盡掌聲，更達成呂智恆出選的心願——自我救贖。「呢幾年社運我唯一嘅錯過，係一六年無幫天琦」。當年有記者問梁天琦口號的意思，得到一句「到嗰陣你就明」[7]；在嗰陣的當下，呂智恆覺得唯有壯大本土力量，才能為自己贖罪。

6 9up：胡說八道。

7 到嗰陣你就明：到時你自然明白。

不同戰線都走過，呂智恆認同過去一年的抗爭運動正轉型，探索新的方向，「但只要一日未放棄，人心不死就一日都未完」。呂智恆已用自己作出最佳的示範，「維持一口氣」，苦苦堅持，終能有意思。

初選後的呂智恆

在新東初選中，呂智恆一直默默無聞，當其他候選人義工成團，旗幟成海時，人力和物力都欠奉的他，卻打出漂亮一仗。

還有充滿風度的一仗。

記得電子票公布的當晚，許多人都為呂智恆輸不足 200 票而不值。有人說，如果本土派把票分好一點，呂智恆就能搭上尾班車了。

「如果當初我選區議會，無新同盟嚟錁票，我已經有地區樁腳資源啦！」

呂智恆卻對說法不以為然，笑指這個世界才沒太多如果，而又諷刺地，力壓他的正是新同盟的范國威。

「個啲票係劉頴匡、鄒家成應得嘅！」在他眼中，三人正代表著去年抗爭運動中的不同角色，劉頴匡是統率、鄒家成是行動、而自己是補給和支援，三人的角色互不重疊，兄弟爬山，各自努力。而整場選舉中，更出可謂兄弟情。在初選結束的當下，漫漫長路終於跑到飲水站。各人都喘一口氣時，呂智恆意外地收到兩通電話，幾乎同時撥來，而來電者正是鄒家成和劉頴匡。

「我無諗過鄒家成會第一時間搵我。」呂智恆指自己第一次和鄒家成碰面，是初選的選舉論壇。在呂智恆眼中，鄒家成是一個滿腔熱血的青年，為理想去得很盡，在選舉間亦推卻不少同學聚會；但到一切告一段落時，最先做的卻是找呂智恆一同到沙嶺公墓除草拜祭，向逝者致敬。

而呂智恆對劉頴匡的評價，是「惺惺相識」。在初選的第二日，劉一大早就到粉嶺拉票，目的卻只是想見呂智恆一面。而整個選舉中，劉頴匡也多次詢問，有甚麼能幫得上忙，但呂智恆每次都只答「好好保重自己」。有人會覺得，這一切只是一場戲，特別發生在新東選區。當年6、7號[8]一對還不是形同好友，只是今天是匿名的好友。但到劉頴匡因暴動罪上庭，呂智恆就在聲援的人群中，給予曾經的對手，曾經的戰友，亂世中最卑微的祝福。

提到這兩人，大家或許最記得是選舉論壇中的一幕：時間只餘三秒，呂智恆把問題拋向劉頴匡，劉頴匡一句「我想同我愛嘅人，一齊喺呢個香港環遊一次」，感動無數港人。而在此之前，呂智恆有備而來地，用大量時間質問楊岳橋，彷彿令這三秒的「炸彈傳球」是臨時起意。「我準備論壇嗰陣，第一下就閃過呢條問題。」呂智恆卻這樣解釋，指早就和劉頴匡說過，會「搵佢過招」，只是和楊岳橋交鋒太久，但又意外地，造出完美的一幕。

「我想退隱江湖，開一間魔術店。有一個地方可以俾手足開開心心。」同一條問題，同樣只給三秒，呂智恆給另一個截然不同，但很有呂智恆風格的答案。

或許選舉這回事，真不適合愛默默無聞的人，但打下漂亮一仗後，甚麼也不重要了。因為誰知道，還會不會有下一場仗？

8　在2016年立法會新界東地方選區補選，六號為梁天琦，七號為楊岳橋。

#流亡區議員 2020/08/08

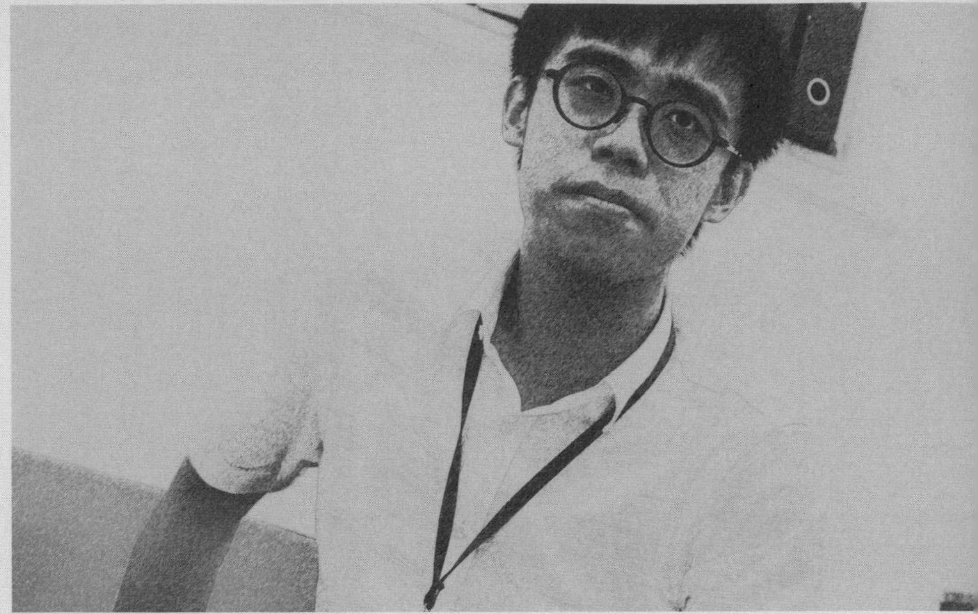

李家偉

能展現
抗爭意志的
都是抗爭派

隨著民主初選定局已出，本土派在和傳統泛民的一戰上大捷，儼然而成主流，而眼前的區一，就成為最後一次雙方的直接對戰。牌面上傳統民主派取得大多議席，應該能直接在檯面上蓋上227票「結束這個回合」，但卻有人挾著一眾本土派的支持前來挑戰。

他是李家偉。一個到了屯門，還要再多搭十分鐘車的小區的區議員，大家理所當然地不知道他是誰，就如一般素人一樣。但他卻認為正正是素人的身分，才更應該坐上區一的立法會議席。

許多人會認為，區一的議席應由一個有豐富經驗的區議員來坐。但李家偉卻反指，「區議會嘔陣，好多素人都無經驗」。他認為民主派是搭上反送中的順風車而大捷，故先要反思大勝的理由：香港市民在去年（2019年）11月所投下的，是對在眼前局勢當前，仍有膽站出來的人的信任票。「由反送中運動到今日，只要你願意走上前，就會有人係後面支撐住你。」故區一的議席不僅僅代表所有區議員，而是代表著當日投票予民主派的這種精神。

在當前的政治氛圍之下，李家偉覺得經驗已不重要，如今進入議會看重的，「係有無預備好做抗爭嘅心」，更形容為今屆入立法會的必要條件。李家偉直言，就現時潛在出選區一的傳統民主派，不覺得有人能背負起11月的精神進入議會。

「呢種精神只有一個抗爭派先揹得起，而如果呢刻參選仲會打政綱，咁佢唔係一個抗爭派。」[1] 現今許多人參選立法會區一，仍會提出形形式式的政綱，例如改善區議員福祉、令區議會不再只是咨詢架構等，但李家偉覺得統統都不切實際。「根本無可能實現到，傳統泛民問心啦，過去咁多年咁多政綱，又有邊次真係落實到。」[2]

李家偉不否定政綱的重要性，「有得做你估我唔想咩」，但現實放在眼前，立法會議員的能力和身位就是不可能改變現況。近日不同派別，甚至是建制派亦認為來屆的立法會，將不可能有正常的議事空間，他指「個問題出喺個制度」，只要制度及大環境未有改變，「再多嘅政綱都只係空頭支票。」

在國安法出爐之後，對「35+」的期盼日益遞減。最起碼本土派已不斷將推演「35-」下該如何自處。作為本土派代表的李家偉亦不例外。他認同若然達成

1 「這種精神只有一個抗爭派才能背負，而如果這刻參選還在專攻政綱，那他就不是一個抗爭派。」

2 「根本沒可能實現，傳統泛民撫心自問，過去那麼多年那麼多政綱，又有哪次真的能落實」

「35+」，絕對是一個破局，亦可以預期中共政權會有所動作，招數盡出，更很可能令加變減。所以當眼前「35-」隨時出現時，應該著重的已非一個立法會議員本身的議政能力，更加不是所提出的政綱，而是能有多少抗爭心態，「以回應時代嘅呼聲」。

而這個呼聲在七月中，已經由60多萬名市民用選票講出。當不少本土抗爭派的人選將進入議會，「35-」之下議會的議事空間肯定不復存在。李家偉直斥「過去好多人覺得，議會仍然一絲尚存有議事空間，政府會聆聽訴求去修改法案」，但當國安法能完全繞過香港的立法程序，強諸於香港的《基本法》之中實施時，「我真係唔可能欺騙香港人，入到去仲會正常議事。」[3]

由去年六月起，足足一年有多的時間，香港從無離開過世界的視線。故在香港的民主自由自治法治正一步步被侵蝕壓迫時，能否向世界傳遞一個訊息，展現香港人能用盡不同手段，包括議會的抗爭來反抗，才是今屆民主派立法會議員應要做到的事。

李家偉認為，可以預見未來不少立法會議員，將做不滿四年，「我自己係

3 「我真的不可能欺騙香港人，說進去後還會正常議事。」

抱著赴死嘅心態嚟選區一，而將來一旦入到議會，因為用咩激烈手段抗爭導致被捕，甚至取消議員資格，都起碼樹立咗一個遺志，予後來者來繼承」。而現時區一的神聖之處，是議席不同地方直選。無論政權怎樣 DQ 怎樣篩人，席位都一定是民主派的囊中物，所以第一個坐上此議席的人，將變得舉足輕重，因此更需要由一位堅實的抗爭派來承擔，以展示議會抗爭的形象。

說了一次又一次，敢問李家偉：誰是抗爭派？

「能夠展現抗爭意志嘅，」籠統到不得了的答案，背後的解釋卻十分合理：「依家抗爭派已經無再分本土派、泛民、眾志，甚至有人覺得許智峰、鄺俊宇都是抗爭派時。」他認為即使最後，區一的位置不由他來承擔，但只要願意不再守舊，委曲求存，拋棄以前的包袱，就自然能勝任。

一場選舉就如一場卡牌遊戲，就算牌多還要打得好。這節骨眼你知我知，一班區議員都知。在牌面上劣勢下仍決意出選，李家偉相信由反送中運動到初選，可見越來越多人支持本土價值，亦堅信在暗票制之下，就算是傳統政黨的議員，都會有部分受到感染而「過票」，令自己最終會勝選。

「好多本土派嘅前輩都講，我哋嘅目標唔係要砌冧其他民主派，而係要擴大自己嘅光譜。」[4] 若然李家偉在九月能一舉勝選之臂，或許，本土派就是不折不扣的主流。

新聞和政治的界線向來模糊而曖昧，常常指「政治化」一詞帶有無限的貶義，卻新聞政治化又從來不是一回事。然而當一個新聞從業員跳入政治，一切又大有不同。近來「立場姐姐」脫下記者證受盡千夫所指，當中不乏行家[5]的針鋒相對。其實，代表本土派出選區一的李家偉，前身也是記者。

還是《香港01》的前政治版記者。

「做得記者嘅，都係想改變一啲嘢啫。」可以是改變社會，改變對世界的看法，可以只是卑微地改變傳媒生態。李家偉笑言，若非有此信念，記者的低賤人工根本不值為糊口的人選擇。而他亦是當初的一分子，由中學時反國教，一個長居屯門的「大鄉里出城」，來到金鐘公民廣場，第一次參與社運，亦第

4 「很多本土派前輩都說，我們的目標不是要打倒其他民主派，而是要擴大自己的光譜。」

5 行家：記者。

一次接觸時事。當時李家偉一種「希望改變社會現況」的想法開始萌芽，於是決心要進入影響社會最多的第四權——新聞業。

明明理科生，大學卻修讀新聞，期間到不同地方實習，畢業後加入《香港01》當正職。他自覺報導政治圈達官貴人的日常，對社會不會有太大改變，所以入職未幾就向公司申請，從政治版調職，離開最多讀者注視的版面，來到最多故事發掘的勞工福利版。

「想透過我支筆，改變社會好多不公平嘅局面。」在他筆下的人物，李家偉形容為「一個招牌壓落嚟死幾個」的微不足道：住劏房僅取些微收入的清潔工、有汗出無糧出的地盤工人，當時他相信，透過說出他們的故事，讓香港人知道身住的地方仍然很可愛，仍值得為這個城市站出來。

然而盛夏一場抗爭，李家偉發現制度的問題大得，就算大家都知道最樸素的聲音，卻不能改變甚麼。於是未幾在機緣巧合下，便投身區議員的行列。但到晉身區議會，卻區議會亦一步一步被打壓。「民政專員郁啲就離場，問咩十問九唔答，究竟當民意代表係咩？」[6]他有感當整個社會的上上下下，都沒有

6　「民政專員動不動就離場，十問九不答，究竟把民意代表當成甚麼？」

議事空間時，就更應該進入到最高的議會，告訴世人這個訊息。

不同於以往參與社運，投身政治。李家偉形容過去「都係被大環境逼自己企出嚟」，「忍辱負重」的一位，2016年初一被捕，卻不在旺角、讀珠海大學時參加學生會，卻被逼去當外務、到區議會時原只打算助選，卻最後披甲上陣。每一次都站得很後，卻最後被推得很前，但這一次參選區一，他自覺在本土派已經成為主流時，需要有一個人為本土派站出來，而自己在此事責無旁貸。

「或者自私啲咁諗，都想係畀自己一個肯定，唔使下下都要被逼，自己都做到啲嘢。」[7]他能否令自己信服，還雖要撫心自問；但在他決心要出選後，不僅一眾本土派心誠悅服，表示支持的更匯集不同光譜，卻連他也一頭霧水自己何德何能。「個個都話隨咗我仲可以係邊個」[8]，本土派人才濟濟，群龍盤據，問到自己何以能被委之重任，李家偉也停一來思前想後靦腆一番，「我都要好好問多次，點解要揀我。」

思緒馬上回溯到2014年傘運時，岑敖輝的一句「被時代選中嘅細路」，

7 「或者自私地想，也是想給自己一個肯定，不用每一下都被迫，自己都能做到些事。」

8 「人人也說除了我還有誰。」

或許在「兄弟爬山，齊上齊落」的時代，需要是「不以己悲」的氣魄。在凡事要有兩手準備的當下，李家偉坦言最擔心被選中 DQ 的理由，並非我不在，而是議會內就此少一個抗爭的聲音。

「我確信自己嘅信念，同一路以來嘅做法，行得正企得正」[9]，雖然他拍心口地覺得自己不會被盯上，但近日白色之手早已悄悄靠近。他提起早日有報章翻舊帳，指他涉嫌違反港區國安法。除了嘲笑報章收風慢，花了半個月才知道有意出選，李家偉認為此舉隨向選舉主任「報料」，亦「先天下之憂而憂」地嘆息，港區國安法之下，白色恐怖無處不在，雖然自己不擔心各種問題，但對其他人卻已被施予無形的恐嚇。

政治無處不在，但仍常會嫌惡「政治化」，或許只因你我都不曾了解政治。然而「遷客騷人，多會於此，覽物之情，得無異乎」？范仲淹正是政治化，才能揮筆一毫撰出百世芳文，當新聞從業員也選擇跳入政治，或許，正是他們太了解政治。

9 「我確信自己信念，與一路以來的做法，光明正大。」

後記

下筆時為二月二十八日。參與初選的其中47名候選人，被警方／國安要求提早到警署報到，繼而被正式落案起訴，正是一年前。

過去一年親身旁聽，或朋友回報，47人之中者申請保釋時，他們以前所接受過的訪問，甚至記者的「引導性」提問，都可以被律政司用作為反對的理由。不討論當中記者的問題，但一年過去，畢竟47人中好友者眾，更不乏曾留下片刻者，不時回想甚會慶幸拙文未曾「累街坊」。

能夠覓得心安之途，才能一往無前。

兩篇訪問的出現，原意是隨著本土派在民主派初選大勝，可預見將在立法會中有所議席，惟本土思想始終走不出世代的隔閡，作為以本土派自詡的媒體，逐一以系列專訪介紹似是應盡責任。顧名系列的專訪，思義除了李家偉和呂智恆外，當時訪問過的尚有其他準候選人，但最後真正有刊出的只有呂的一篇。

那時對香港還有奢想，縱使國安法已經通過月多。事後發現是奢想。

初選結束後不久，延後立法會選舉一事由風聲變成現實。那時的想像是既然要延後一年才選，訪問的錄音也不如延後一年才轉化成文字，畢竟香港人很善忘。現實是立法會的確延後一年，但訪問的錄音依然只是錄音，香港人不變還是很善忘。

唯一的變化，是準候選人變成階下囚。所以會在書中將未見刊的李家偉公開，一方面是「寫咗唔好嘥」，另一方面是好幾位為我留下過片刻的，他是唯一的自由。

一月六日、二月二十八日，這些日子一生難忘。我依然記得一月六日，那天是周梓樂死因庭難得的休庭日，趕寫死因庭總結至清晨，半朦朧的雙眼被一個接一個的被捕消息嚇醒，回過神時已在他家樓下，穿著拖鞋薄衣，和手裡一部相機靜待他被押走。

我依然記得二月二十八日，隨著一點半的時間一分分接近，我坐在家中的床上，一直無法決定要去哪一個警署，因為每個警署都有我的好友，但在最後的六分鐘，我還是撥了一通電話。

《加山傳播》能夠在本土派間，乃至香港開始受人認識，很大程度和他參與初選有關，這點我絕不否認。下筆至此，忽然回想起有人在他落選後，指《加山》只是為選舉而誕生的工具，但要知道工具是被利用，故在這個層面而言，我一直覺得被當作工具的應是他，《加山》是利用他參選而獲得關注，利用他而獲得國安關注，利用他才有這本書。

這是我一直無法心安的死結。

最後，系列中有一訪問未曾落筆，但有一問依然值得記下：在南豐紗廠的咖啡店外，坐對面的是「讓本土成為主流」的表表，他說初選過後，本土派已經不再存在，因為當大家都以香港為本，以香港為信仰，就不再存在派別之爭。

831「死者」韓寶生 2020/08/29

王茂俊

劫後餘亡，質疑、心死與離開

｜本篇採訪獲第二十五屆（2021 年）人權新聞獎（學生－文字組）

「721唔見人，831打死人。」一年間每次遇上警民衝突，這句口號總會在耳邊響起。721唔見人雖然是既定事實，但警方過去不僅多次避談，至近日更搬出一個令全港譁然的新說法；故831打死人，雖然被多次予以堅定的否認，亦未能市民信服，每逢月尾總有鮮花放在太子站外，以示悼念。

其中「韓寶生」的名字多月以來，隨當日僅有的片段不斷被提起，指為當日的遇難者之一。到今年（2020年）七月十七日，831暴動案的被告首次上庭，名單中卻不見有韓寶生一名，更令一切變得撲朔迷離。然而七月二十二日，英國保守黨人權委員會副主席 Benedict Rogers 在社交媒體上載一張合照，明確寫著「韓寶生」未死，更與他在英國酒逢知己飲。

《加山傳播》幾經追查，終於聯絡上這位「知名手足」，這位活生生的831「生還者」。

「我都唔係姓韓。」訪問一開始，劈頭的一句已解開大半年內的一個謎。「韓寶生」從來沒有失蹤，而是從來就不存在。他真名是王茂俊，是一年多的抗爭中，六千名被控暴動的其中一人，更是831事件中，首批被控人士中的首被告。

831當日太子站內發生過甚麼，眾說紛紜。畢竟一個密閉的空間卻沒有鏡頭好幾小時。監警會所就「831事件」編寫的報告中，指當時示威者和一名男乘客發生爭執，並出手掌摑。但王直指監警會的報告，根本不是事實。

「根本唔係我哋打藍絲先。事件嘅來龍去脈，係佢先郁手打記者」，之後車廂內有人情緒激動，期間有政見不同的人士取出武器作狀挑釁，然後衝突就發生。「但就無提起過呢一部分。」[1]

列車之後在太子站停下，與此同時警方的速龍小隊進入港鐵站。「咁大家咪雞飛狗走」，跑到對面月台的列車上。他亦在此時被制伏在月台上，並曾經成功逃離控制，沒入人群之中，之後就再無鏡頭拍到他的去向，關於他的死訊亦由此而起。

但現實是整個港鐵站根本無處可逃，他之後亦再次被制伏，被押在月台一角。他憶述當時整個港鐵站充斥著求救的聲音，多人被打傷，更有人出現

1 「根本不是我們先打藍絲。事件的來龍去脈，是他先動手打記者，但（政見不同人士）就沒有提過這部分。」

驚恐症。

大家最關心的，車站內是否有人死亡，王只表示自己眼見沒有，但「有幾個人真係被打得好重」。他指自己在月台被要求面壁時，背後曾傳來「醒啊！醒啊你！」的聲音（根據傳真社的追查，王口中的這名傷者之後亦已經甦醒）；亦有另一個穿軍綠色上衣的男子，因曾經嘗試救自己而攻擊警員，被打到頭破血流。但即使有如此多人受傷，王記憶所及一直無人獲得即時急救，直到過一段長時間後，才有消防員進入。

消防處和警方之後曾指，太子站內一共只有七人受傷。他肯定地說絕對不止，指有很多被補的都在到達警署後才要求驗傷，況且被捕者由太子站被押到警署的過程中，亦有不少暴力事件發生。

當日在站內被捕的示威者，被分兩批經港鐵分別送到荔枝角站和油麻地站。王記得在列車上，自己雙手被鎖上手銬，坐在列車一角。有一名警員被王形容「以勝利者的姿態」，上前走向他問「跟邊個架？出嚟玩收咗幾錢啊？」[2]，他當時心有不忿，以一副不太友善的態度回答「咩收幾錢，我無收

2　「你跟誰（意指對方有人撐腰）？出來玩收了多少錢？」

錢」[3]，卻換來一句「咁即係我屈你啦」[4]，和朝右臉打來的一拳。

甚至是到達警署後，暴力亦從未停止，不論精神上還是物理上。他指一同被押到葵涌警署的示威者中，有一位身上有紋身的，事隔一日後再見已是滿身瘀傷。而他自己亦被要求全裸搜身，之後更被轉送到新屋嶺扣留中心。

王現時身上背負2條暴動罪，2條刑事損壞罪，1條非法集結罪，1條普通襲擊罪，1條襲擊致造成身體傷害罪和1條搶劫罪。說出罪名時，是充滿憤慨的語氣。「有一半罪根本係砌生豬肉」[5]，他指出許多罪根本自己未有干犯，或法律程序上未有做足。如刑事損壞港鐵82萬財物，王就笑指「我邊有能力破壞82萬嘢，蜘蛛俠左手一件右手一件咩」[6]；而襲擊罪等明明要經認人的手續，程序卻被完全跳過。

他直指自己之所以要背負最多罪名，和自己不斷被謠傳死訊有大關係。「警察都知有咁樣嘅一個故事，亦都有 mon po」[7]，所以將最多罪名加諸於他身上，藉此透過他向外界高調地傳達「831無死人」的訊息。

3 「甚麼收多少錢，我沒收錢。」

4 「那就是說我冤枉你囉？」

5 「有一半罪名根本是欲加之罪。」

6 「我哪有能力破壞82萬的東西，像蜘蛛人那樣左手一件右手一件嗎？」

7 「警察也知道有這樣一個故事，亦有在網上追文。」

「我知道大家心目中嘅劇本係想有人死，可以用嚟攻擊警方」，但現實是王依然活生生地存活於世上。而站在王的立場，其實自己是生是死根本不重要。他認為在「831事件」上，可以被關注，值得被關注，應該被關注的事實在太多，有更多嚴重的細節值得被關注。如他和其他被捕者之後被暴力對待、警方進入港鐵站後的無差別攻擊，甚至是「831事件」之前，在上環發生的每一件事；反而當日是否有人死亡，可能並不重要。「我之後有浮屍（意指陳彥霖）、周梓樂都死埋，咪一樣無補於事」。

「不如畀佢哋安息啦，如果真係死咗，都係受咗好多嘅屈辱同折磨。在生嘅就不如用在生嘅方法，去繼續同極權去抗衡」。王希望香港人反思，不斷去探討一個人的孰生孰死，對「往生者」而言是十分不尊重的行為。「如果我真係死咗，吓吓都將我個樣放大嚟評鑒，咁樣又有無尊重過我先？」[8]

然而被誤傳死訊所帶來的問題，卻不只被不斷加重罪名。他亦曾多次在不同場合，澄清自己仍然在生，自己不是韓寶生，換來的卻是廣被香港人質疑，甚至有人會指他是警察假扮。「大家根本唔相信，只相信自己個劇本，認為我呢個角色就必需要死」。他坦言一度十分灰心，感覺自己像是被當成安全套一

8　「不如給他們安息吧，如果真是死了，也是受了很多屈辱與折磨。在生的人不如用在生的方法，去繼續跟極權抗衡。如果我真是死了，就動不動把我的樣子放大評鑒，這樣又有沒有尊重過我？」

樣。「被警察打完，出嚟澄清仲要被人當係狗。」[9]

他透露自己在被捕後左手手腕嚴重受傷，物理治療做了半年，連帶對自己攝影的工作也出現影響。但即使面對暴動罪，王的特殊情況，令他自己亦處於一個不受歡迎的對象。尋找法律協助時亦屢屢受到刁難，甚至曾被回應過「個個都告暴動啦！」而被拒絕協助。他慨嘆只要不在鎂光燈下，要找到協助十分困難，故亦令他有想離開香港的念頭。

王指由去年九月一號正式被拘捕，接近一年間都未曾想過要離開。「我成日諗有無後悔，當日決定進太子站內，全因在彌敦道上一句站內有人被捕，但嗰陣係為咗救人，我係做緊正確嘅事」，但近一年的經歷，令他覺得運動裡不同人有不同目的。

「我曾經都相信煲底見。」[10] 王坦言自己離開的決定十分倉猝，甚至離開前亦不能和身邊人透露太多，只能「默默咁講再見」，而且「放唔低所有嘢」，放不下香港的親人、朋友、人際關係。

---

9 「被警察打完，出來澄清還被當成是警察。」

10 煲底：金鐘立法會綜合大樓地下，由於圓形外觀看似電飯煲，被俗稱為煲底。在運動中，展望將來再次團聚的願景，則被稱為「煲底見」。

一年間，由一個普通不過的香港人，變成一個流亡的香港人。

王指很多人對流亡有誤解，認為到了一個新地方就高枕無憂，但這只是有鎂光燈的待遇。「唔好預期好多人幫你，好多嘢只能信自己，靠自己。」人生路不熟，無依無靠，要靠自己在異地生存，他只是眾多相同流亡遭遇的其中一人。

他語帶感慨指，自己作為一個香港人，一直生活於香港，但流亡後環境的改變，令他大感不慣。「喺呢邊香港嘅事變到好遠」，但離開香港，並不等於告一段落。即使在一年間，因本著為香港的心，而要流落異鄉，甚至被家鄉扣上「通緝犯」等等的帽子，他仍然覺得為香港發聲是他的責任。王認為自己現在背負著一個流亡的身分，就更加要善用流亡者的角色。

「我依家係靠『光復香港』嘅信念生存落去。」

過去一年間，「光復香港，時代革命」由一句競選口號，變成香港日常的口號；但對於王來說，就有著「很想回家」的另一重意義，一個信念。他指知道香港的情況一天比一天嚴峻，未來有如虛無縹緲，但仍寄語香港人「唔好放棄呢個信念，信念可以擊倒一切。」

「30歲知天命（正確應是50歲），我今年29，我真係發現到我自己嘅天命。我要用盡我一世所僅餘嘅力氣，去令共產黨倒台，做乜都得。因為我要報仇，我要『光復香港』，我要返屋企。」[11]

後記

拙文有幸獲得人權新聞獎，實屬幸運，雖然得獎只有筆者賤名，但最大功勞全歸《加山傳播》數名骨幹，沒有他們就沒有這份真相。

真相很重要，過去有一段時間，我一直迷茫於拙文能得獎的種種理由，尤其在如此的世風日下。最後我唯有給自己的自圓其說，是專訪所說的都是真話，而非漂亮的話——民眾對831有死人的一廂情願，抗爭者尋找法律援助

---

11 「30歲知天命（正確應是50歲），我今年29，我真的發現到我自己的天命。我要用盡我一生所僅餘的力氣，去令共產黨倒台，做甚麼都可以。因為我要報仇，我要『光復香港』，我要回家。」

的困難。

沾光地認為自己算得上一個媒體人，我們必須承認，香港已經進入一個全民皆媒體的年代，這一點在2019年更有最實質性的證明，當每一個人都能自己手上一部手機和一嘴雌黃，就創造出成百上千的新聞熱點，然後通街都是「網媒」的自稱時，真話的重要就更彌足珍貴，尤其在一個缺乏互信的香港。當香港新聞自由正急促倒退時，當真相正無聲卻又然地離我們越來越遠時，這些真真假假其實無一刻不在消磨香港人的互信。

對真話的追求與敬畏，從來不應只屬於媒體人的榮幸，而當我們進入人人都是媒體人的年代，這份對真相審之、度之、慎之的精神，是香港人能否共患難的其中關鍵。

即使做過不同抗爭者的訪問，或者正因為做過不同抗爭者的訪問，更令我堅確沒有一個抗爭者比其他人更值得作為代表。特別在此訪刊出年多後，當看著又有許多關於831的新說法，更有不少由當事人之口而出時，這種感覺就越發強烈。面對著同樣的高牆，同樣的極權，同樣的警暴，所有的抗爭者眾生應如芸芸，都同樣的渺小和卑微，不會亦不應有誰經歷過那一場較特別的事件，就高人一等。

但我見得更多的，是不甘卑微如塵，而扭曲如蛆。

#驅逐出境 2020/10/12

David Missal 穆達偉

重力如湯，香港曾經自由

2019年5月21日。

再過半個月，就是「反修例運動」的開始。之後的一年間，風風雨雨、煙煙彈彈、血血淚淚，很多人說香港用一年時間，由世界都會重回漁港。但或許很多人都忘了。

2019年5月21日。

這一天之後，香港從一個接收難民的世界都會，變成一個輸出難民的漁港。之後的一年間，台灣政府庇護、英國更改BNO政策、美國制裁香港，收留香港難民，但或許很多人都忘了。

2019年5月21日。

《紐約時報》報導，本土民主前線成員黃台仰和李東昇已經在德國取得難民庇護。之後的一年間，常聽到「美軍來了我帶路」、「英國媽媽救孩子」、「今日香港明日台灣」。也許不少人認為香港人向國際講述香港只局限於三五個國家，但或許很多人都忘了。

但德國卻沒有忘記香港人，起碼 David Missal 沒忘記。很多香港人或許不認識他，但他卻能說出一口流利的中文，甚至有一個中文名字——穆達偉。

「香港很自由。」於一八來港求學的 David，對香港的第一印象是在香港大學的國殤之柱。「這是在中國你不可能見到的。」一八年六月，他收到香港大學新聞和媒體研究中心的邀請，從中國到港繼續研讀碩士課程。在此之前，他是一個在清華大學攻讀新聞系碩士的學生。

不少有心從事新聞事業的人聽到北京、清華、復旦就「耍手擰頭」。要修讀新聞系，卻選擇新聞最不自由的國家，聽起來也覺得荒謬的事情，在 David 的解釋下又變得很合理。他的計劃十分周長，甚至可說是精心策劃：在他高中後到中國交流時，他已經知道中國有諸多限制，但他指在中國學習，才能學到其他地方學不到的。於是他在德國的大學讀中國研究，然後手持獎學金重回中國。

「只有身處當地，才能了解最實在的文化。」

結果在中國求學的一年多，他「收獲甚豐」。一份功課，讓他學到中國最真實的一面。一場「709大搜捕」令他接觸到王全璋的妻子李文足，輾轉認識到其他律師，其他在中國少有的維權律師。而他的功課主題，正是這群中國政權的「眼中釘」。但意外地，他的教授並無阻止他的作業，直到他將部分內容放上網，他的導師就發來訊息求見——大學新聞系的領導看到了，要維穩了。

活生生確切切的中國特色，就算他早就知道，卻從無想過一切會發生在他身上，發生在一個學生身上，發生在一份不足五十人看過的功課上。事實上他所做的一切完全合法：「只是他們不喜歡，就會找一條法律說你犯法。」

沒有人明確告訴過他不准做，但政權用「法律」告訴他。這條「法律」，叫「不符合學生簽證」的活動。他的一年簽證不獲續期，被要求十日內離開中國，就在此時一個來自香港的邀請向他發來……

那時，原來香港不是中國。那時，原來香港和中國還很遠。

「香港不會禁止人們示威，和中國相比警察都十分友善。」David憶述他對香港的最初的點滴印象。儘管在他來港不久後，香港和中國的距離早就不再只是一河之隔。儘管外國人不獲簽證的劇本這次輪到他來「當主角」，但他仍然視香港是自由的餘燼。2014年雨傘運動時，雖然人在外地，但他和許多曾坐在夏慤道上的香港人一樣，一同期盼著真正的改變會出現，然後一同為一瞬即逝的希望而失望。

之後他曾訪問許多香港人，有你我耳熟能詳的，有示威中的你我。每次訪問他都問對方「十年後對香港的想像」，每次都是一樣的答案——「不知道」。

失望卻不只一次。

去年（2019年）的重力如湯，世界看在眼內。好像汲收了很多教訓，但又像走上了回頭路，然後又好像換來更深切的領悟。六月下旬的一個下午，大家都爭相轉發的一則新聞，於是第二次的失望在無力中就成了，但許多人不願面對，許多人不肯面對，許多人不肯認命。

David 也是其中一個。

早幾星期，香港社運人士「滑鼠娘娘」鄺頌晴在德國發起聯署，要求德國聯邦議會就《港版國安法》對中國和香港進行一連串行動，包括制裁。宣傳片中站在鄺身邊的，正是 David，以他流利不過的普通話作出呼籲——簽聯署。

簽，都簽啦，哪有一次不簽的。香港人一年間不知簽過多少次聯署，whitehouse.gov 的幾乎變成 this 開頭和 face 開頭的網頁外，最常瀏覽的一頁。但作用好像不似預期，又或者從來只是香港人的心靈雞湯。

「聯署若然通過，德國聯邦議會一定要開聽證會。」不同以往的「簽復一簽」，然後換來一個樣版式的的回應就草草了事，David 指此門檻低一半的聯署，無論即時和長遠的作用都來得更具說服力。

德國明年將會舉行聯邦議會選舉，在已三度連任的默克爾（Angela

Dorothea Merkel，台譯梅克爾）已確認不會再爭取連任下，德國權力的話事人已肯定會換人，卻現時德國的政局前路仍不見明朗，意味著一年後德中關係或將不再如現時般曖昧。

聯署通過後，政府必須派官員出席就聯署所召開的記者會，並回答由聯邦議會議員的問題。在選舉尚餘不足一年時，此聽證將成為各派對中國態度的最佳借鏡，而更重要是能向德國人民說出香港的一切，讓他們在明年投票時有多一個考慮。

David 坦言，現時難以判斷德國未來對中國的立場「未來可能會有一個對抗中國的歐美大聯盟，在處理中國的人權問題上採取更強硬的手段。」但在美國的「牽一髮」前設下，「動全身」的德國有許多可能性。且幸德國人對人權的執著是可以肯定的，David 舉出早前在德國進行的一個民調，76%市民同意即使面對經濟損失，在人權問題上對中國亦應該有一個更強硬的表態。

而普通的一個表態，在民主國家中就是一個施壓。路漫漫其修遠兮，永不知哪一根稻草是關鍵，David 重申，聯署的成效不在當刻，而是要喚起更多德國人的關注，令更多人能接力持續地對政府以表態作施壓，令政府作出決定時有更龐大的民意作背書。早前中國外交部長王毅到訪德國會晤德國外長馬斯時，被當面要求撤回「港版國安法」，David 認為便是人民影響政府的一例。

同樣的道理亦可套用在歐洲層面。德國在歐盟中一直有舉足輕重的地位，甚至從香港的角度，香港政府與歐盟作政策協議時，歐盟亦委託德國作代表。David 指出歐盟對中國進行制裁，首先要得到歐盟二十多個國家同意，在中國對部分歐洲國家仍有影響力下，短期內只是天方夜譚。但若然能推動到德國政府以國家身分先行走出制裁中國的第一步，整個歐洲對中國的態度肯定會有所影響。

2014 年雨傘運動黯然落幕時，夏愨道上的塗鴉是一句「We Will Be Back」，香港人以為前路茫茫，曾經的足跡經已消退；散有傘聚，五年後在細數不清的記憶裡，找到當天一句塗鴉，同一條路上寫著的是「We Are Back」。

「我真的希望以後可以看到一個更自由更好的香港。」訪問的尾聲 David 以中文說出自己的期盼，「我一八年第一次來香港時，真的很開心看到這個很自由的香港，雖然已經有一些問題，但和今日相比已經自由多了。」

回望路已漸遠，仍然在最後也相信那樂園，差不遠。

「你們堅持吧，你們堅持反對中共這些政治，堅持在香港自由地生活，跟過去二十年一樣自由地生活。」這是David最後對香港人的寄語。

堅持。五年前在爭取民主的路上跌跌撞撞。途上或會自怨，眉頭倦了亂了失方寸，但正是一路走來「Never change my world and never change my mind」，途中的起跌、步速、節奏，若失算仍未變，才走到今天。

有路，不走嗎？

滑鼠娘娘 2021/01/27

鄺頌晴

誰想過
柏林圍牆
明天就會塌下

註：2021 年 1 月 26 日為德國聯邦議會召開聽證會之日，但此專訪為於 2019 年 11 月中與 David Missal 先後進行，故於本書中特意不按時序排列。

這幾年間香港人聽過，見過，聞過世界處處的烽煙四起，流離失所，難民各地……直到上一年，人們不斷說是史上最糟的一年。光復香港事隔五年終成主流，我們認識了「勇武」，認清了警察的醜陋，了解到國際線的力量。

剎那間如 déjà vu 一樣發生在自己的至近距離，但我們都忘了 déjà vu 已存在了好幾年。2014年9月28日，背景就在熟悉的灣仔街道上，一條過百萬觀看的影片，被說是烏克蘭少女的港版 déjà vu。影片的標題是 Please help Hong Kong，片中說著英文的女孩，六年後走出香港，在德國發起同樣訴求的聯署。

她是鄺頌晴。

名字陌生嗎？

今日翻開《加山》的新聞，十個報導有過半玩迷因，改圖二創更不在話下。在新聞自由一天天收窄下，這難得的自由卻要追溯回2012年，那個有像揭穿萬惡的一年……那一年，坊間不斷指是世界末日的一年。23條事隔十年被重提，我們認識了「拉布」，認清了民主黨的醜陋，了解到網民的力量。

那些網民的發言人，正是鄺頌晴。

「我覺得18歲嘅自己會幾憎24歲嘅自己」[1]，年間的香港怪異的味道成為熟悉的味道，但她未能身處香港見證，再回望六年前的經歷開始三省吾身。「應該會覺得自己好左膠。」

那一年的鄺頌晴很討厭左膠，那些年的鄺頌晴很討厭左膠。她對一六年魚蛋一役印象最深，不僅因看到原來勇武有支持，更重要「事後睇清政團嘅反應」，看到那些年的民主黨和公民黨如何割蓆。所以回溯當年，年少氣盛的自己對失敗當然亦深深不忿，怨天怨地，覺得無盡到一切辦法、無爭取到真普選「就係政棍嘅責任」。畢竟在這場運動有付出——最起碼那條上百萬人觀看的短片，將香港推上CNN的頭版，卻落得黯然的收場。

1 「我覺得十八歲的自己會鑾討厭二十四歲的自己。」

「但諗返條片其實好少嘢。」[2]一四年雨傘的失敗擊起層層漣漪，換來一六年魚蛋的覺醒，化作一九年的「不割蓆不篤灰」巨浪。但當今日國際線大行其道時，她毫不認為那國際線的「大師兄」有多大作用。「呢個只會係漣漪嘅其中一下，但唔會係開始嗰吓。」[3]

在鄺頌晴而言，那重要的開端，是9月26日黃之鋒衝入公民廣場的一句，至於之後短片什麼的甚或不太重要——除了令自己有一個繼續的信念。

和香港一樣，黃之鋒身後總有一個「阿晴」，鄺頌晴也曾經站在黃之鋒身後——2019年6月黃之鋒遠赴德國遊說官員，雖然得到的成果各有自論，但隨著黃之鋒再無機會出國，在德國的「阿晴」便主動接力有關工作。

「好重無力感。」那些日子不心安，清早與夜來亦望望，收不到信號過兩秒又再看看。猶如絕症的無力感令人推不開重力的迫使，迫使明明遠於異鄉，仍索覓著能有可作為，認真想遊說官員能否有所作為，即使是從前她會覺得左

[2] 「回想起來那段影片其實算不上甚麼。」

[3] 「這只會是漣漪中的其中一下，但不會是開始那一下。」

膠的行為。

「依家對左膠既憎恨細咗」[4]，十年未過去，鄺頌晴卻侃侃而談著如今對左膠的定義變化，像是替今天的自己向十八歲的她作辯護，像是要掩蓋自己對香港的抱憾。卻她對自己現時所作的評價，也可能是許多人對國際線的評價——「鄺頌晴妳走咗去外國風流快活攞光環?!」

但這種光環其實並不光采，還附帶著良心的責備。在你我心中這些是「若果你未覺荒謬」的經歷，在他們耳中只是「狄更斯是漫畫嗎」的故事。而將有名有姓的經歷迷戀蔽眼成美化的故事，正是鄺頌晴不斷在做的事，一些她自己也有感「無人性」的事。

「我做嘅嘢真係幾仆街」，但事實如若告訴你或更內疚。那是我們耿耿於懷的破碎，是我們念念不忘的零碎。若為動人時光固不用常回看，但我們之所以緊記正是因它醜陋和四味雜陳；卻當敞開心扉向世人訴說時，就加上了許多名為美化和包裝的計算。

4 「現在對左膠的憎恨少了。」

「但香港嘅故事唔係啲應該要計算嘅嘢，係我哋嘅嘢。」能提取溫暖以後渡嚴寒，就關起那間房，很現實地這就是政治。

在人類的世界，棍和利益有密不可分的關係，故政治和政棍從來有密不可分的等號。明明是一些普世價值，明明是一些天經地義，「香港人爭取自由民主啱嘅嗰喎，所以咪要支持，應份喎」[5]。我們一直都天真地這樣想。

「啱你就去做啦諗咩啊，你班政棍只係為咗利益。」[6]鄺頌晴也曾這樣想。但在德國進修久了，覺得「自己左膠咗」時，修讀法律後她也開始接受政客的一套思維——要有改變不單講對錯，也要讓決策者意識到對錯，而背後卻牽涉不同的計算和操作。

當然還有幫了有甚麼好處。收起那天真的幻想，特朗普這種前商人更講利益，若有政客無條件地說聽你意見，這肯定算是病。所以無論是一張合照、一個普通的推文、於報紙特意提名、甚至是普通的寒暄問候，即使是稍．低頭就

5　「香港人爭取自由民主是對的，所以就要支持，應該的。」

6　「正確的事你就去做吧，想那麼多幹嘛，你們這些政棍就只會計算利益。」

會掉下來的光環對政客也是一種利益，所以政客更情願傾聽一個能溝通，能磋商的人。

因為他們不太想知道發生過甚麼事，對政客來說大部分人說的故事，提的訴求，擊的冤鼓都千篇一律，他們不想看畫面有多煽情，不想知你我有多慘烈，更不希望接見一個人來情緒勒索，「叫佢幫係無意思，佢哋想知係要點幫。」[7]

鄭頌晴在整個訪問中不斷強調「著力點」，對政客來說幾千打手足被捕，可能比不上一個吳藹儀、遠不如一個黎智英。「所以要就住唔同政黨講唔同嘅嘢」，她舉例和德國最左派的Die Linke會面時，從不能說半點「共產」的壞話，因為對這個左黨而言「共產就是好」，故只能不斷力陳中國政府對人權的踐踏，因為人權正是左派最看重的一物。

所以為著口中的「著力點」，就有那份趕死線的聽證聯署。

香港人很奇怪，白宮聯署簽完又簽也從不過問，但德國聯署一出卻問題連

7 「叫他們幫忙是沒意思的，他們是想知道要怎樣幫忙。」

連。也不想想第一個給香港人難民資格的正是德國。也無他，默克爾多年對中國的默默，總讓人有不過而已的感覺。

「因為德國唔想被人感覺無得傾。」談，就談。「好似魯迅咁講拆屋頂先會開窗」[8]，所以聯署的訴求和拆屋一樣，只為求凡事要和平的德國人為香港人開一扇窗。

歷史的因素對德國影響，說有多大就有多大。德國人最愛和平，佔領立法會一役鄺頌晴費了不少唇舌解釋；德國人最顧忌美國，斯諾登（Edward Joseph Snowden，台譯史諾登）的安全提醒多少港人早就忘卻；德國最引傲的汽車業，中國市場對他們有如大金庫。

但一切在變。最起碼今年（2021年）中默克爾就要不見了，儘管如無意外的接班人 Armin Laschet 一樣走著默克爾的 Äquidistanz（即和中美兩大強權保持距離）策略，但基督教民主聯盟（CDU）的支持者早已厭倦了左右逢源的保守哲學，面對綠黨的進逼和黨內對進步主義的渴求時，一切已在變。

8　「因為德國不想給人不能討論的感覺。那我們就像魯迅所說，要求人家拆屋頂，他們才會願意開窗。」

德國外長 Heiko Maas 去年九月如何掃中國外交部長的面子還歷歷在目，更少被提及的是德國政府就在時差不遠公布「印太政策準則」（Leitlinien zum Indo-Pazifik），當中就提到重返亞太的藍圖。

更何況政治的事誰也說不準，誰知道一場武漢肺炎能為德國人帶來幾多對中國的仇恨值。所以聯署的時間很「攻心計」，還有九個月就是德國聯邦議會選舉，是時候讓德國民眾看清政黨的取態，讓德國民眾看清政黨對中國的取態，讓德國民眾看清政黨對中國對待人權的取態。

去年12月27日，忽然有消息指國安公署再通緝三十人，全部身處海外。那天晚上鄭頌晴笑言若自己名落孫山就無面見江東老父。她說了一整個訪問的「著力點」，就是將自己成為德國政客的「著力點」。

為大義奉獻自己，畫面夠靚，果然左膠。

這位左膠去年中曾短暫回港為初選拉票，已經意識到自己將有一段長時間回不來。訪問在聯署達標幾日後進行，問到接下來有何打算，她說要好好想想聽證會的主題，「仲有搵機會做加速師！」[9]結果到執筆時，香港已經快得頭搖又尾擺。那天她在自己的直播上宣布聽證會在1月25日舉行，簡單交代會提及的事項時，香港所有人都在等候黎智英獲釋。

然後轉念黎智英又被還押。

又或者再轉念，十年又過去，不過鄺頌晴很肯定自己舉止仍像一個「死港女」。

「光復到我應該會喺香港做緊研究，平時就去行街食 Tea 睇戲買袋。」[10]在她的想像中，香港光復後五年內會非常混亂，大家都在摸索前路茫茫，「要諗過哂啲制度，要諗點處理警隊……」[11]

「所以妳信係會光復到嘅。」

9 加速師：加速攬炒速度的人。香港網民戲稱林鄭為「攬炒之母」，習近平為「總加速師」。

10 「光復後我應該會在香港做研究，平常就去逛街吃下午茶看電影買手袋。」

11 「要重新想過那些制度，要怎樣處理警隊……」

「當然！唔係我做嚟做咩……」在笑聲中她卻又補充「其實都無得唔信，因為我唔甘心就咁停手。」

一轉念，誰人在說當然，沉默奉獻下原本的世界在改變。或許散聚故事說亦說不完，亦或許就到終點縱然看不見。

「邊個諗過柏林圍牆聽日會塌下。」[12]

後記

有一件事一定要記下，娘娘和 David 的專訪都是在辦公室視訊進行的，因為要錄音所以擴音長開，甚至幾位久仰娘娘美名的同事就站在不遠處「觀看直播」。到訪問完結聲聲仍繞辦公室，大概是聽娘娘一言有感而發，身後傳來一句「搞咗咁耐都唔被人點相係咪辦事不力」[13]。

12 「誰想過柏林圍牆明天就會塌下。」

13 「搞了那麼久還沒被中共指名，真的是辦事不力。」

《加山傳播》於2021年11月4晚宣布遣散所有在港成員，理由當時未有公開，但實情就是被政權「點相」煽動，其間提及鄺頌晴的專訪。

放在極權的層面，牠們對德國聯署可是十足十的關注，後來曾經打趣和相熟的朋友笑言，一份聯署令兩間媒體被指煽動，想必也後無來者。由被政府半公開點名文章煽動，我一直都不明白鄺頌晴的專訪在哪種層面煽動，訪問由邀約到見刊都在聯署通過後，卻又要勞師動眾在半夜跟蹤本人。直到很後來《立場新聞》案提堂，鄺的名字再被提出，才驚覺原來鄺頌晴就是原罪。鄺在訪中說自己若未被通緝「無面目見父老」，現實是極權就是打死不說自己已將人放上名單，但同一時間又將她的訪問歸類為煽動文章。

又或者原罪是德國的聯署。民主初選47人案中多人申請保釋，被拒的無獨偶有地都曾經呼籲人簽名。但諷刺的向德國政府的聯署，無論在當時還是事後到如今，縱使聯署最終獲通過，但我敢斷言在民間並無很大的迴響，最起碼沒得到媒體應有的關注。德國聽證會召開後的幾個小時，香港媒體最關注的新聞，是天水圍小孩被打；娘娘宣布收到國會通知將召開聽證會時，全香港人的目光都在高等法院外，靜候黎智英保釋步出享受短暫的數日「自由」，總剛好和大眾的目光失諸交臂。

後來更多的專訪，尾段總會出現「十年三問」——問自己、問自己相關、問香港，很大程度是受 David 啟發。試著想像十年後的一切，人在何方、所作何事，在此時留下片刻歷史，然後於未來某刻檢視。或者也不需十年，David 提及的國觴之柱、新聞自由，甚至香港大學，一年後還是一回事，只不是那回事了。

但十年的期許還是有必要的。

生命就是一連串孤立的片段，但靠著回想和幻想，許多意義會浮現，然後消失，消失之後又浮現。或者對未來有希望，亦可以只剩下絕望，但從一個社會觀察的角度，我們在生命當刻的積極樂觀、頹然淪喪都側面反映著社會的種種。生命是美好的，對吧？不是的，在路上處處黑暗只有那些許光明。生命是醜陋的，對吧？不是的，在路上處處黑暗還有些許光明。這條問題的弦外之音，也是讓它永遠出現在專訪結尾的理由，讓它好好給讀者細味。

Hidden Track：4dggbCWfhuM

2020年港大學生會 2020/11/26

葉芷琳

擁抱港大
這分鐘

好像我們都對香港大學有特別的關注。又或者，香港大學令香港更受到關注。

對於許多香港新一代的政治啟蒙，怎麼說都和港大有分不開的關係。2014年雨傘運動是港大的戴耀廷副教授發起；2016年魚蛋革命，帶頭的梁天琦又是港大；到去年（2019年）的反送中運動，即使一方無大台，但罪魁禍首的一方，林鄭班子中也有八人是港大出身。

就如陀飛輪一環扣一環，港大和香港正是相連的兩個齒輪。於是當葉芷琳上任港大學生會長、再輾轉當選港大校委會本科生代表，成為這部件的轉軸時，無形的目光已經盯上這位小妹妹。

然後有人這樣形容葉芷琳——「下一個周庭」。

但葉芷琳連忙否認，細想好幾秒後再說「個角色分別都幾大」。

我們都對香港大學有著太多多餘的ＦＦ[1]，或者和那些牽強得不得了的政治啟蒙有關，於是我們硬是將香港大學的一切放大檢視，只因那是香港大學，但我們都忘了學生會的原意，只是爭取和維護學生在校內的權益，確保不被校政剝削。葉芷琳上任至今的「大事」，好像又真這麼一回事——戴耀廷被取消教席、連儂牆被毀、兩位中國副校長被委任，統統都只是港大校政。

又或者正是葉芷琳所說的「港大嘅校政就係香港嘅政治」，「但學生會有好多限制，係一個社團，受法律約束。」葉芷琳一盤冷水先倒下來，坦言在種種限制下，學生會正摸索制度內的新角色，如何以支援協助的方式，以發揮對社會最大的功用。「好似連儂牆咁，係學生自發貼嘢上去，我哋再去支援做維護。」

卻諷刺地，連儂牆已不復存在。今年十月八日，港大學生會在大學街上層的攤位管理權到期，校方次日就表示不續約，之後更火速將連儂牆上物品拆除，葉芷琳也僅道一句「表示遺憾」。但觀乎更早前連儂牆被外人破壞時的反應，這次然是溫和不過的回應。無他，林鄭月娥已開口「若大學無法於校園確切執行國安法，將交由執法機關處理」。

1 ＦＦ：香港網絡用語，指不切實際的幻想。語出遊戲《Final Fantasy 最終幻想》。

根本就做不了多少，因為「每屆學生會經歷嘅嘢都唔同」。對葉芷琳而言，腳踏實地做好學生會的基本責任才是眼前當務之急，因現實是港大人才最不問世事。早前港大校委會委任疑中共黨員申作軍為副校，學生會兩三日內收集到4300個簽名聯署。在香港「閒閒地」也有十萬簽名起跳時，其實戴耀廷被取消教席時，甫上任的學生會所發起的聯署聲援，兩星期只得2000個簽名。

經歷過一七和一八年的社運低潮，再加上一九年學生會斷莊[2]，葉芷琳感覺港大人的心態遠不及其他大學，故現時只能不斷帶出聲音，先令學生對校政的關注度有所提升，像一切要由頭開始。

「學生會無咗我係唔可以運作」，正因這個學生會得來不易，作為國安法立法後首位學生會會長，葉芷琳更清楚自己的重要性。或許這是她和周庭唯一相同的地方（啊嚴格上是唯二吧，起碼語言能力算是社運界中好的一群），整個訪問她一再三的表示「自己做嘢要好 Safe 好安全」。

2　莊：香港校內組織包括學生會和學會內閣的別稱。莊即為主持之意，與在賭局「做莊」意思類同。加入學生會即為「上莊」，有一年沒人加入學生會即為「斷莊」。

「不不不」，刻意地聽完她離題說了一大堆我才糾正。「啲人覺得妳係下一個周庭，係會從政。」

「我都無從政打算。」葉芷琳聳聳肩侃侃而談，「我哋嘅背景都唔同。」

打個比喻，周庭是自幼就出席各大音樂比賽的音樂人，而葉芷琳只是大學時忽然興起，跑進吉他社後卻誤打誤撞組樂團的人——只是剛好又闖出些名氣來就是了。2019年9月2號，全港大專罷課，百萬大道上的司儀正是葉芷琳，到11月10號，警方進入港大校園，前去交涉的又是葉芷琳。

「如果真係對社運好投入，我唔使上莊都做到啦。」對葉芷琳來說，這一切都只是機緣巧合，如「整定」一樣。回到剛進大學時，和其他香港的大學生一樣心態，難得進得到大學，當然是吃喝玩樂，於是住宿舍，於是上宿莊，於是誤打誤撞進入評議會，於是被慫恿上學生會。「識我嘅人都會覺得我上莊好神奇。」[3]

[3] 「認識我的人都覺得我加入學生會很神奇。」

就連決定撿起學生會的一棒，一切都不如劇本所寫的走向。「咁大學好難接觸到好多人嘛，又唔係中學」，葉芷琳講出如爆肚[4]一樣的對白。「如果硬要講，上莊只係衝動咋。」

也許是衝動後的「聖人狀態」，反倒令葉芷琳反思自己的定位。在一群依賴議席和權力為生的「政治廢老」也黯然落幕二十出頭的國際線——黃之鋒、周庭、羅冠聰、許穎婷，但明明未跌出代溝的葉芷琳，還說著一口流利的英文（嗯，這很重要），反而留守本土線。

「因為我同佢哋唔同。」在嘲笑著她一副摩連奴（著名足球教練 José Mourinho，台譯穆里尼奧）的口吻時，葉芷琳解釋自己只是為學生會服務，而此角色不需要太多本錢，亦不需要有知名度。她明白自，四年以後，社會大眾或對大學學生會有更多的想像，但現實就是學生會有學生會應該有的角色，只是學生會令人更容易接觸政圈，卻不代表學生會和從政有必然關係。「所以我唔傾向以學生會會長作為從政嘅踏腳石。」[5]

「而且我都唔適合做呢啲嘢啦。」[6]這個聖人狀態有點長。「反正落莊之

4 爆肚：臨場發揮。

5 「所以我不傾向以學生會會長作為從政的踏腳石。」

6 「而且我也不適合做這些事。」

後我就係 nobody，我都唔會希望未來自己只被標籤為『香港大學前學生會會長』。」

未來想像是怎樣一個學生會？她沒有直接回答，卻換上一個「眾妙之門」般的邏輯。她說自己預備上莊時，有前輩曾指她缺乏視野和遠見，但她卻反駁香港變得太快，硬是將批評合理化。「當初我都好固執，諗好學生會之後嘅活動，然後就疫情。」

在時勢逼人下，「Be Water」已不是如其他口號一樣的空談，葉芷琳覺得學生會當前最需要的正是應變能力。訪問當日早上，正好傳出林鄭指教育局未來要管制學生會，「危急存亡之秋」這句萬能 key 竟從她口中而出。「其實學生會要先避免亡會。」在一切重重規限下，也只能見縫插針，先做了再算，然後見步行步。

她的步速卻未免走得比其他人快。一年半前連她自己也想像不到自己有認真穩重的一面，活生生一個「我認真起來連我自己都怕」的樣版，在她也自認在身邊很多人幫，故成長得很快的同時，又好像和香港人這一年有點類同。

一年半前也沒有人想過香港會再硝煙火光，一年半前香港人也沒想過會有汲取教訓的成長，一年半間香港也得到很多國際的幫忙。一種種濃縮的「港豬覺醒」經歷，或多或少正反映在葉芷琳身上。

「都可以咁講嘅……」最無奈的 agger[7]。

未來想像是怎樣一個香港？「都好耐無人問過我呢條問題。」葉芷琳暗忖良久，終於講出「非常黯淡」四字。「我自己係國安法之前上莊，但自從過咗之後，我睇香港越嚟越唔同。」[8]

她覺得現在的香港人正尋找及爭論新的方向，無論是國際和本土層面，會有人認為要退後一步建立身分認同，但亦有人認為共同經歷過盛夏到寒冬，種種經歷已經是最好的身分認同；抑或在此前的社會環境上該如何自處，都有不同的爭論，但她相信以香港人的創意，未來總會找出路：「不過呢個 moment

7 Agger：香港網語用語，意指同意，agree 的拼寫錯誤。

8 「很久沒有人問過我這條問題。我自己在國安法前加入學生會，但自從法案通過後，我看香港越來越不一樣。」

呢，我真係諗唔到香港有咩未來……或者呢個 moment 睇唔到個出路會係點。」

她覺得只有到絕境時，人自然會腦筋急轉彎，令一切變得難以想像。

「反送中個陣都無法預測抗爭者會做咩，我又點有資格去講。」[9]

未來想像是怎樣一個葉芷琳？自己總有資格說自己吧。「我會懷疑自己未來仲係唔係香港。」她還是貫徹始終的一副態度——對一切抱有懷疑，包括自己。「我覺得應該總會係香港，但係做緊咩，同對咩有熱誠就真係難講。」

這時已是訪問的尾聲，我忽然覺得對她來說做人態度只有「活在當下」。如果沒有加入學生會，今日會是怎樣的一個葉芷琳，她卻說根本沒有這一個如果。「我覺得一切都係整定，好多嘢都係一個決定，遇到一個人，然後就改變咗個人生。」[10]

「所以好多嘢根本都唔需要 plan。」忘記了世界這分鐘，跌進了這愛的裂縫。

---

9 「反送中那時也無法預測抗爭者會做甚麼，我又哪有資格去講。」

10 「我覺得一切也是命中註定的，很多事也是一個決定，遇到一個人，然後就改變了人生。」

今年九月開學禮時，她以港大學生會會長身分向新生致歡迎辭，提到希望眾後輩能秉持赤子之心。「因為大學生未知前方有幾黑暗，所以會做得『衝』。」如夢的將來，儘管一點不懂。「所以佢哋可以以好嘅純真，去判斷一件事嘅對錯，堅守港大人嘅風骨。」[11]

她認為港大人的風骨，正是校訓所言的「明德格物」。「我做咗會長之後都好多人問我明德格物係咩。」經過幾個月的「位高權重」，她得出結論是「以知識作支撐，令自己有勇氣去敢思敢言。」

「梁天琦。」說罷席上黯然。曾與你愛過卻匆匆，過去已有太多類同。

完全明白是放縱，但是只得這刻可相信。如期在你死後，才想起曾經答應陪你去散步；失去後，不一定學會怎麼去珍惜；告別後，才知道原來遺憾會痛。因為對香港大學的愛，不知不覺間成了陀飛輪轉軸的她，選擇開始擁抱，漫長的這分鐘。

她是葉芷琳。下一個葉芷琳。

[11] 「所以他們可以以好的純真，去判斷一件事的對錯，堅守港大人的風骨。」

後記

專訪見刊時，社會其中一個討論話題，一直離不開民主派 aka 投降派立法會總辭。我不討論是非對錯，反正記者不宜評論，又反正最後定局而成。但當這些「政治廢老」口口聲聲「議會抗爭」時，筆者就這份專訪下筆時，忽發其想港大校委會本科生代表其實也是一樣的「議會抗爭」，卻總能不明不白地獲得眾人敬佩。

還是那一句，我不評論對錯——這東西不同同溫層有不同的公論，但我覺得關鍵在是否有在位居其位時，盡其之力，這或許是最大的分野。起碼每一次無力地看著港大「又」淪陷時，我們看到的是眾人含淚安慰咪兜[12]前的，而非已經不知是第幾次「最黑暗的一日」。

所以專訪中本來有想過問 Edy（葉芷琳）是 HKU 還是 XGU[13]，但後來覺得這問題根本是徒然，就等同問覺得是香港還是中國香港一樣。

專訪最後不斷滲入「擁抱這分鐘」的歌詞，讀者如果有留意，較後來的每

12 咪兜：傳媒用來擺放麥克風的支架。

13 XGU：Xiang Gang university，為對媚共的港大（原稱 Hong Kong University）的蔑稱。

一個專訪裡，我都會問「覺得十年後的自己和香港會是怎樣」。我明白這樣的問題很老套，但當早日鍾翰林被收押甚至判監時，我們翻看他對自己未來的想像時，一切都變得不勝唏噓。

但 Edy 應該是第一個回答對未來無希望的人，起碼在 On-record 時。專訪無寫到的，是她其實有反問我是否有人能回答這「未來香港」的問題，甚至是我的看法，這時我才發現在一年春秋後，未來的香港還有誰說得準。在重力如湯的世風日下，先好好品嘗眼前碗中的湯，再來想下一步，可能是我們所能僅做的事。

我沒有為你傷春悲秋不配有憾事，但因為我們都在春秋間為這地傷悲，所以我們配得上憾事。記得問她如果沒有加入學生會，今日覺得自己這剎那在何方，她卻指「好多嘢都係一個決定，遇到一個人，咁就可以改變你嘅一生」。如果命運能選擇，但從來沒有如果。所以我們更要「擁抱這分鐘」，享受唯一出路上的每一分鐘。

專訪中最後提到「與其在你死後，才想起曾經答應陪你去散步；失去後，不一定學會怎麼去珍惜；告別後，才知道原來遺憾會痛」，其實同在《加山》一年時的道謝文中，也類似說過差不多的話。很多我們習以為常的東西，其實很容易就蕩然無存。可以是齊上齊落，可以是香港大學，可以是深愛的香港，可以是深愛的人，可以是……

可以是轉瞬即逝如一分鐘，就算理所當然，但仍會措手不及。還反芻著專訪裡「學生會要避免亡會」一句，下筆時就剛有消息，國安處正調查城大學生會，那已是唯一剩下的正莊學生會。

言盡最後於此，但心有歉疚必須言。專訪以「下一個周庭？」作引子形容Edy，而之後不只一次在官媒的恫文中，以周庭的遭遇（當時周庭正服刑）恐嚇，並再次重提「有黃媒指葉芷琳是『周庭第二』」的說法。儘管有細閱內文的應該會知道說法被狠狠否定，但引題的選擇或多或少帶有筆者的自以為是，始作俑者不才，當時應有更好的引言。

145　Hidden Track：boETEUNxZJY

前香港民族黨 2020/12/12

陳浩天

唯一一次
香港獨立
集會

陳浩天光復上水案今日判刑。裁判官是王詩麗，近日才重判黃之鋒、周庭，雖然聽了幾次他的庭但心中還是說不準，於是就找「堡主」先做個專訪。畢竟一個「唔好彩」[1]，可能就數月甚至數年不見。

結果宣判，兩條罪名不成立，還有久違了的「疑點利益歸於被告」。看看留言，十則就有一則說「陳浩天是鬼」[2]。這些年間有些人被說是鬼多了——想回到正常生活的游蕙禎、月初離開的梁頌恆、地厚天高的梁天琦、還有陳浩天。

但其實他看得很淡，就像上庭前五十多小時，接受訪問時被問到可能要坐一樣。

「嚟咪嚟囉，可以點啫，咪坐囉。」[3]陳浩天坐在梳化上，一臉輕鬆地攤開手。

1 唔好彩：不幸。

2 鬼：臥底。

3 「來就來吧，沒有辦法，坐牢吧。」

他回憶自己一九年於火炭被警方帶走，當時律師到警署忽然對他說：「你好似第一次被人拉咋喎」，他才意識到自己從一六年為世人所認識，所謂「反抗分子搞抗爭，少不免要被人拉」，「被捕初體驗」卻是在三年後。「又唔係坐好耐，唔通喊苦喊忽，怨天怨地咩。」[4]

所以對於坐監感覺很坦然？筆者嘗試再三確認，換來是很決斷的一聲「嗯」，和忽然的話鋒一轉。陳浩天覺得幾年間已有數之不盡的抗爭者身陷牢獄，如梁天琦等更於反送中運動前已成階下囚。如今更有許多「無名無姓」、大眾從不會記得的名字，被拘捕後遭起訴暴動，一坐就三四年牢，「我呢啲算係小事啦，吓嘛？」[5]

他認為當抗爭者陸陸續續被判監，社會大眾或對眼前麻木，「發生太多事都覺得好簡單」。近日說起判監，不分黃藍都一定想起黃之鋒周庭，九個月的時間不長不短，卻不只全港，乃是全球轟動。「九個月當然唔係輕，一定唔好受」，但陳浩天認為根本不足掛齒，「對佢哋嚟講都唔係咩損失」。

陳浩天想著的是更殘酷的現實：一般普通人有家庭有工作有經濟壓力，忽

4 「又不是坐很久牢，難道呼天搶地怨天怨地嗎。」

5 「我這些算小事了吧？」

然被判入獄兩三年後，該如何自處？其家人要如何面對？甚至他們本來就寂寂無名無人認識，又要如何渡過漫長難關？「可能有旁聽師去睇佢，咪就係睇佢入去坐監。咁坐咗之後點呢？嗰兩三年無人知喎。」[6]然後白白在四面牆中被禁錮、浪費幾年，出獄後可能親離又失業，損失的絕不只是光陰。

「其實大家細心諗吓，每一個都係一個人嚟嘅，判落嚟嘅並唔係只係一個數字咁簡單。」

陳浩天認為普通人不如黃之鋒周庭，判囚一刻萬眾關心，擁有無數光環。「因為佢哋係做呢行，唔會因為坐監無咗份工，只會令自己個CV更加靚」[7]，故他深深明白自己作為社運中稍有名氣的，已經比許多人情況好許多許多……

很多人覺得陳浩天也是時候要「坐一坐」。一八年中他受邀前往外國記者協會演講時，梁天琦已經因暴動罪成階下囚。當許多在一七、一八年社運低潮時苦苦支撐的皆紛紛有過鐵窗體驗，他卻遲遲連臭格[8]也未踏足，直到反送中

---

6 旁聽師：經常到法院旁聽席支持被捕人士的熱心人士。「可能有旁聽師去看他，可是也只是看他去坐牢。那坐牢之後怎麼辦？那兩三年沒人知發生甚麼事。」

7 「因為他們是搞政治的，不會因為坐牢沒了工作，只會讓自己的履歷更好看。」

8 臭格：警署羈留所，因為很臭，又小，因而得名。

運動開始。

反送中運動間，幾句口號此起彼落。「民族自強，香港獨立」、「光復香港，時代革命」，在街頭、在車廂、在演唱會、在日常中。當今日八字成為禁忌，成為「法律上」的禁忌，但數年前這些今日琅琅上口的「香港人共同」口號，其實是一種「心理上」的禁忌。

陳浩天自一六年三月以「香港民族黨」之名一鳴驚人，直到一六年八月五號，一切有了大家後知後覺的轉變。

那天萬餘人聚首於添馬公園，在門常開之下參與一個集會。那天「民族自強，香港獨立」、「光復香港，時代革命」第一次叫得比以前任何一次都大聲。那天是香港史上，以香港獨立為主題的集會。

「鍾唔鍾意一回事，但大家起碼都接受咗呢種聲音嘅存在。」那天植下的深根春風化雨，在去年盛夏光年中開花結果。

對陳浩天來說，當日的集會有如結晶一樣，「嗰陣好多思緒放哂喺個演講到」[9]。他笑言梁天琦當日尚在手掌上寫下三點才上台，自己卻如一個「金牌主持」不斷重重覆覆上台救場，將自己一直想的理念托盤而出。而事後看起來，他覺得該次集會上的許多說話，都對香港影響深遠，特別是「畀心機讀書」[10]一句。

「其實成個集會最大迴響就係呢句」。他提起自己當年 **A-Level**，沒有目標之下庸庸碌碌，所以沒有太大動力去學習。故他在台上呼籲下一輩要努力讀書，「一定要努力向上爬，要喺社會上有影響力，要接管未來嘅社會」。四年後回望，不少在光年之內抛頭顱灑熱血的，皆是青春好時光、未來本應一片光明，如在荃灣不顧安危察看他人傷勢的理大博士生；甚至有少許可成功晉身體制，或「滲透體制」的人默默參與。

一切的一切，或許正是當日一句的千重浪。陳浩天直言過去一年許多許多的影像，都有著過去的影子。如今日全民黑衣隱藏身分，其實是一四年本土派一直提倡的，但當時換來是四圍的唾罵和「捉鬼」；如今日全民都有 **Telegram** 帳戶，其實一六年起本土派已開始陸續使用；甚至一四年的「佔領中環」，也

9　「那時很多思緒都放了在演講上。」

10　「用功讀書」

是戴耀庭不斷提及，陳浩天笑言若當時戴耀廷提倡的是佔領立法會，可能一九年的事可以提早五年上演。

「因為好多香港人冇預計到會有事發生，未爭取過民主。」所以當許多人「覺醒」時，一場夢醒就發現甚麼都沒準備。「其實一九年所發生嘅每一件事，如果一六年有跟開嘅，只係重覆經歷相同嘅事，只係將以前本土派嗰套嘢變主流去採納。」[11]

我們都在經歷相同的事。

今屆立法會選舉，先是一批被剝奪被選權，再來是整個香港都被剝奪選舉權。但四年前的那個集會的觸發點，正是陳浩天、梁天琦等人被取消參選資格。只是今日終於殊途同歸的尊貴，當日是何等的惺惺作態。一六年初魚蛋衝突後，本土派人人避之則吉，一星期間受盡屈辱，如年初的腥風血雨味撲鼻而來時，出現的卻是一場再和平不過的集會。

---

11 「其實一九年所發生的每一件事，如果一六年有關注的，也只不過是重覆經歷相同的事，只是將以前本土派的論述變成主流。」

陳浩天跳入時光穿梭，回想當時也曾想過「煽惑」一場，但最終就如台上所說的，「希望將本土派送上健康發展的道路」。他形容由一四年開始本土派崛起，但當時世人目光都認為本土派是「蝦兵蟹將」，所以要舉辦一個似模似樣的集會，向世人證明「香港獨立」如此「激進」的口號，乃出自一群有學識、端莊有儀的本土派。「好似年初一咁又打一場有咩意思，打完之後啲人又散哂。」陳浩天當年在台上亦說過類似的話，指不認為當刻是一個成熟的時機，妄然「暴力衝擊」只會消耗民氣。

終於自一六年那場集會後，再下一次的「暴力衝擊」已經是去年。事過境遷，民氣已消耗，但陳浩天仍覺得一九年是一個成熟的時機。「無可能爭取民主一次就得，係要經過一啲更替循環。」

而恰好一九年就是一次世代的更替。他認為整個一九年都是上一輩的一套，不斷被一些新一輩的思想所取代，而更重要是新一輩是「一班冇被泛民荼毒嘅後生仔」。一九年許多場面其實未有太多計算，都是本能反應，「有人打你咪還拖，你唔會好似以前被人打仲要道德計算」[12]。而一九年正正就是有一大群未被泛民污染的年輕人湧現，「所以咪好本能反應囉」。

12 「有人打你就回手，你不會像以前那樣被打了還要做道德計算。」

他指包括自己算是較遲接觸政治，到一四年才參加雨傘運動，但當時也非為「真普選」的民主主義站出來，而是心中有一股「政府你恰香港人」的氣吞不下，是徹頭徹尾的民族主義。陳浩天覺得即使是一九的年反修例運動，香港人也是被民族主義所逼出來。正是六月九號晚上在煲底，有一大班年輕人一直不願離開，最後在灣仔被包夾拘捕，才激發起三日後有六月十二號的一百萬人上街，才會有攻入立法會的一幕。

陳浩天笑言當日如果未能攻入立法會，自己當晚就已買機票離開，「個逃犯條例一過我好危險嗚。」

逃犯條例沒了，一年後換來《國安法》。矛頭似是直指向陳浩天等一類人，但半年將至，陳浩天身上背負的僅是一條襲警和一條非法集結，《國安法》卻從未見「火燒身」。

「其實國安法燒哂每一個香港人啦！」陳浩天認為《國安法》最大用途是

「靠嚇」，指當初原意上字眼都寫著是震懾。故立法最大目的是要嚇走香港人，屆時就可以大造文章指立法後馬上收效，且無需自己出手拘捕。「你自己走咗就最好，咁你又返唔到嚟，到佢要自己出手咪仲煩。」[13]故陳浩天認為國安法的目的非為「拉人」，否則可能已牽連幾千人，而現在的做法更像是「槍打出頭鳥」，嘗試製造恐懼。

「呢啲咪極權慣常用嘅手段，好似上年有一期又係搵黑社會打人，目的咪令大家驚。」但陳浩天身為危險人物，國安法的準星無時無刻都瞄準著，不害怕嗎？近日流亡的話題隨許智峯流亡再度升溫，陳浩天卻未有計劃離港，選擇隨遇而安，「走係因為覺得危險啫。」

「我要走嘅話依家都走得，佢又冇收我護照。」這時我才驚醒聽過陳浩天多次提堂，都未有聽到交出旅遊證件一項。

「走咗又會好咩？」陳浩天覺得一旦離開，就要在外國成為二等公民，又不見得有光明前景。「如果係普通人移民，只係想有個輕鬆愉快生活，好似搞吓音樂當然無所謂」，但他覺得自己想做的事在外國絕對做不到。

---

13 「你自己走了就最好，你又不能回來，省了政權動手的事。」

所以想做甚麼？他想了一會，還是拋下「講唔出」三字，就是覺得在香港還能有無限可能性，所以不願離開。況且在香港人熟地熟，「我都去過外國好多地方，但始終都係香港最好。」

回想十年前自己準備公開試庸庸碌碌，五年後卻對著萬千港人呼籲要好好讀書，之後再過五年卻幾乎成為階下囚。向前看十年，陳浩天亦依然會選擇身在香港。但他也坦言一切太遙遠，畢竟回想十年前他也沒想過自己會在社運路上走得這麼遠，甚至舉辦了香港史上第一次、唯一一次的香港獨立集會。

說起那一場集會，我們或許都記得梁天琦的金句——「黎明嚟之前嘅黑暗，係至撚黑暗。真係好撚黑暗。」[14]但大家都忘了第一個提起黑暗的，其實是陳浩天。然而他覺得此刻的香港在走向黎明的路上，連「好撚黑暗」都未到。

「藏、疆嗰啲先係至撚黑暗。」

14 「黎明來前的黑暗，是最他媽黑暗。有夠他媽黑暗。」

那十年後的香港會看到黎明嗎？陳浩天也只含糊地說「香港可能獨立咗啩」。即使教育已在多事之秋，他認為肯定會有下一批年輕人，肯定在未來十年間再有一兩次光年之外的盛夏光年。

「或者再有下一個香港獨立集會，應該會係香港即將獨立之時。」

後記

這是一篇事隔五年後的回帶文。

由最一開始邀約堡主（又，今日有幾多香港人記得陳浩天堡主的別稱），就不曾打算要聚焦他當時身負的冤罪，甚至當日因約定時間接近日落，生怕入黑硬照拍攝有礙（但結果美術排版將相片轉黑白），在先拍照的路上，閒聊間陳浩天也是一副「我覺得我會甩」。

但當然，誠如訪文的擔心，始終劊子手前科累累，一旦好幾年不見，有些問題不問，可能歷史就再無法說清說明。很多事明眼人都知道，「一九年所發生嘅每一件事，如果一六年有跟開嘅，只係重覆經歷相同嘅事」，但有一些說話，總要由一些人講出，才有他的價值，無論那價值是多麼的諷刺——可知道在陳浩天無罪的判決新聞刊出的當下，滿滿都是「陳浩天是鬼」的留言。

經常會覺得陳浩天的一路走來再無奈不過，當這隻「鬼」所曾提倡的，很多最後都一一實現，如果要換句推卸責任的話，就是「走得太前」，而這句背後的意義，是你我都見識淺薄，但又有多少人願意承認自己曾經的無知，主動脫下自己心中既有的有色眼鏡，甚或在今日拾人牙慧時，會為自己的武斷而感到羞恥。

那天陳浩天被判無罪後，這隻鬼在庭外面對記者說了一番話，最後一句是「希望喺世界唔同角落嘅香港人都努力生存落去，唔好死，大家加油，為著嗰個共同目標一齊奮鬥生存落去」。

大佬，2022年仲會有人話陳浩天游蕙禎梁頌恒係鬼，原來夢迴2016。

依然要死守自己嘅私怨、誤判、分門別派，咁活該被時代淘汰，而2019年就係淘汰嘅過篩。[15]

所以我至今依然堅信，會覺得陳浩天是鬼的，就是那些沒有共同目標的人；而我更相信陳浩天在這段話之前的那句「正如我過往幾年都好努力生存落去，嚟緊我都會努力生存落去」，令他有活不能好過的，絕對不只政權，還有這些萬般無奈的說不出。

而無奈和無力，可以是一線之差。

---

15 依然在死守自己的私怨、誤判、分門別派，那就活該被時代淘汰，而2019年就是淘汰的過篩。

#澳洲參政 2021/02/12

莫熾韜

去澳洲選國會議員

一月七號凌晨，手機傳來「安全到埗」的訊息，還在辦公室準備死因庭總結，眼角看到手機螢幕的藍光。頓時心裡馬上閃過的是「國安咁就畀個危險人物走甩」[1]。

回到再一星期前，手機傳來「你唔使嚟，出咗啲事」[2]，還在辦公室收拾準備到機場，眼角看到手機螢幕的藍光。這本來是他要出發的日期，但最後關頭卻發現護照被家人收起。

回到再一個月前，他口中說著「去澳洲選國會議員」，就在辦公室裡的梳化上，眼神不帶半點玩笑的堅定。

這年頭香港人都說打國際線做任務，他乾脆自己成為任務。

他是莫熾韜，Max。

---

1 「國安這樣就給一個危險人物跑掉。」

2 「你不用來，有事發生」

「悉尼老鼠咩。」[3]你心中肯定這樣想，但這樣說也不算錯，始終Max真的是一個澳洲人，他可是手持澳洲護照離開的。但在訪問之前要Google名字的不只你，起碼我當初也要問問Google他是誰。澳港聯前發言人（但被澳港聯割蓆），曾經作為代表出席澳洲國會的聽證會，所以也算是鄺頌晴、羅冠聰、張崑陽之輩了……但明明這些名字你我都聽了好幾年。

Max呢？

他說自己自一二年東北發展時已經對香港的種種有留意，但礙於家庭的束縛只能「一直關注事件」。在他眼中家庭是「根正苗紅，渴望為共產黨做牛做馬甚至做雞」，憶述中學時曾有一次參與政治活動，換來的是他被迫去跪神主牌。

但亦如共產黨的家人一般不在中國，當Max被送到外國讀大學時，就是養不教父之過的開始。那一年是２０１８，是香港本土社運的上一個冰河時期，但在澳洲社運卻長年四季恆溫。同樣一群群青年熱衷政治，當香港人不斷對政治走入校園嗤之以鼻，澳洲卻對此習以為常。

3 悉尼老鼠：廣東話諧音梗，意思是「誰認識你」？

例如澳洲有 National Union of Student，就想像成香港的學聯好了，和香港一樣現時社運中多少人有學聯影子，澳洲的學聯分別在最終能坐在澳洲議會大廈裡。例如澳洲也一樣是多元社會，但澳洲的分別就在多元的聲音會被重視。

澳洲政黨會將不同人口的組成，類比成選票比例。民主的現實是人多就是正確，民粹就是正義，所以每每有新政策時，政黨都會向不同「選票」聽證聽證，而偏偏香港人在澳洲不是少數，自然地香港人亦能在政策上有份發言，Max 就是那個香港的代言人。

由寂寂無聞，到忽然代表港人，「覺唔覺自己上位上得好快？」Max 說一時間總會質疑自己「係咪嗰種材料」[4]去代表香港人，但下一句卻說時勢需要自己。

「香港啲移民喺到幾代，儲好哂資源但又唔用。我只係嗰個將炸藥桶放出嚟引爆嘅人。」[5]Max 形容對那年抗爭印象最深的，不是街頭的勇武抗爭，「落

4 「是不是那種材料」

5 「香港移民來了幾代人，累積了資源又不用。我只是那個把炸藥桶拿出來引爆的人。」

到場見到一班班年青人抛頭顱灑熱血，啲腎上腺素係咁升」，而是澳洲的懦弱龜縮。他不諱言澳洲港人對抗爭的思想落後至極，「一開始甚至連五大訴求、解散警隊都覺得係危險唔可以講。」

「就好似呢邊有班後生仔，一直叫緊美國制裁越辣越好，個邊就係會有班泛民老屎忽，係到扭屎忽花叫唔好。」[6] Max 感覺正是澳洲有著大批香港移民，所以「仲難搞咗」，全因這些上一代無接觸過香港近十年的變化，不了解本土思潮的興起，腦中甚至仍是「建設民主中國」，但又懵然不知連六四集會都會中國安法。

「國際線打咗咁多年，煲咗咁多年都係咁。」故上年起國際線忽然變成由年青人主導，從來不是甚麼稀奇之事。香港人對泛民一套「打飛機」式今天我厭倦，所以在本土思潮的衝擊下思想進步的人便會受落；同樣道理放在海外，稍有國際視野的人自然也會更接納年青人的思想衝擊。

只是有些香港人，走到井外還是望著井內。

---

6 「就好像這裡有些年輕人，一直在說美國制裁越辣越好，但同時就會有一群泛民老屁股，扭來扭去說不要。」

那些年經常講「將抗爭融入生活」，時移世易 Max 認為要「將民族融入生活」。

「因為下一代香港人應該都去哂外國，但香港人係好有限嘅資源。」Max 說，「用完就無，最多去到依家中三。」這個說法有根有據。教育局表明要改革通識科，算一算末代通識生今年（2021年）正好中三。下筆時剛好教育局對通識改革的指引出爐，「新通識」下三分二的時間為學習一國和中國。Max 覺得這些接受過通識教育的年輕人「每一個都係潛力股」，所以在打國際線的重心，應該放在年青人的身分認同——對香港共同體的身分認同。

那是 Max 起飛前的一個月，最諷刺的是他坐著的位置，一個月後坐著的是陳浩天說自己不太打算離開。但 Max 當時卻如是說：「要令佢哋黃變藍，再藍變紅」。這裡的藍是本土民主前線，這裡的紅是香港民族黨。他覺得要令海外的香港人明白自己是民族性的共同體，甚至退一萬步，起碼要將香港和中國區分得一清二楚，但偏偏在海外就是甚少有這類區分。

即使我們如何在口中多番強調，到海外也只流於說說而已。「2019年之前好多人都係入中國學生會」，這可是眼看不出的人禽之別，都是黃皮膚、啡眼睛，若自己都不作出行動上的分野，到最後不情願地被同化，犧牲的就是香港的品牌。Max 覺得認同自己香港人的身分，更重要的意義是能有一群人同聲同氣，「講句嘢都大聲啲」。他憶述當年課堂要播一首代表自己國家的音樂，還是2018的他毫不猶豫選了《海闊天空》，一首「今天我」已經引來中國籍同學抗議，在課堂上手持寫著「和平統一」的紙張將他團團包圍。

「要有屬於香港嘅學生會」，而這只是萬丈高樓的從地起。前幾日經過便衣多過人嘅機場，見到一機機港豬咁送出去，有好多隻成嘴血佢哋知 Freeride 成場運動……真係好嬲[7]！才不是潮文。諷刺地近一年移民的，賭有一半不知原文，更隨時成為預言一部分。所以香港學生會的意義，就是要將對中國的仇恨年年講、月月講、天天講，三省吾身謹記，千里迢迢流離五洲七洋是有因有由。

Max 強調香港人眼前只得這麼一批，往後香港人會否成為「瀕危動物」，關鍵是能否將認同感延續，能否將民族感延續，能否將文化延續。他舉例許穎婷在美國發起的「We The Hongkongers」活動，目的「就係要移咗民嘅仲記得

7 整段轉化自一段香港網絡潮文，由於脫離語境之故，只作字面直譯：「前幾天經過了便衣警察比人多的機場，看見港豬們（沒有覺醒的人們）被飛機運出去，有很多整嘴也是血（指吃人血饅頭），他們整場運動都沒做甚麼事，令人生氣！」

自己係香港人」，感嘆現時在澳洲許多港二代、港三代已不會講廣東話，故難得再有一批香港新血補充，就更應該好好保育承傳再發揚光大。

「長遠就應該要參政。」並不跳脫，在建立香港民族的圈子後，國會議員的確就是藍圖中的下一步。「我諗香港人係香港睇國會議員，同國際線係國際睇國會議員係兩個好唔同嘅畫面嚟。」

「香港人會覺得好似啲組織寫吓信寄吓 email，國會就會有回應，咁就可以推動到一啲嘢。」但 Max 經歷後，認為和國會議員交流分三四個階段：在國會外舉辦集會，抗議聲援，不時會有國會議員合照、握手，好像得到國會議員的認同，得米啦[8]！但實情都只是門面功夫，他們可以是出於「呃 Like 拎 Fame 做 Noise」，甚至更殘酷地只是出於好奇，反正握個手無壞。

到有幸獲邀出席聽證會，仲唔得米「晉身」國會？而且會議上國會議員聲聲附和，就如「食神」裡楊震天般七情上面地同情。對記者可興奮了每句都是

8 得米：成功。

Bite，但對國會議員來說每句都是選票，「聽證會實際上就只係一場大型公關show、政黨角力」。那些馬格尼茲法案、救生艇法案對香港人來得多及時，但實際上是美麗的誤會。「人哋一早就諗好點都會推。」[9]

2009年時澳洲就提出過「大澳洲」概念（Big Australia），期望在2050年將人口提升超過1.5倍。人從何來？當然是移民。而香港所輸出的人口大多起碼接受了十五年教育，人人身懷一技兩文三語，Max笑說對其他國家而言根本是「人口販賣」，因為香港的技術移民有價有市。「你唔會見到開個救生艇畀其他人，就係香港人有。」[10]

Max認為要知道國會議員立心推動政策，起碼要到閉門會議。「關埋門佢哋會講多好多，會駁返你轉頭。開著門你點質疑佢嘅政策，佢都會四萬咁口一副意見接受，但關埋門就會態度照舊同你解釋埋有咩唔得。」[11]

但說到底要令國會議員動心，靠的還是人脈。香港人很二元，亦以為政治很二元，但就如人生除了黑白還有很多灰，政治亦然。「澳洲嘅政治光譜同香港一樣咁多元，或者更多元」，聯合政府下不同政策涉及不同部門，不同部門

9 「人家早就決定好的話，怎樣都會通過。」

10 「你不會看見政府開移民優惠條款給其他國家的人，就只有香港人有。」

11 「閉門會議時他們會談很多很多，會反駁你。但在開門會議時無論你怎樣質疑他們，他們都笑笑接受批評。關起門來又會態度依舊，還跟你解釋有甚麼不能做。」

又涉及不同黨的不同派系，當看著這麼多不同都令你頭暈翻轉頭讀多次時，還覺得一個政府會輕易被一位「不同」人說服嗎？

「所以到最後都係要有人脈，要靠政治組織先可以成事，並唔係一個普通的難民組織可以輕易了事。」Max 說，「或者你車舊錢入去就咩都好辦事。」[12]

既然要大費周章一獲國會議員芳心，就不如自己做國會議員。

打著香港旗號進入澳洲政治，仲唔係「干預別國內政」？但現實是澳洲本來就有三成是別國人，亦正正令 Max 認為「香港民族」的特性和澳洲大同小異。

「香港絕對係缺血緣呢樣野（作為聯繫），唔通你話要驗血？如果你話有中國南部血統就唔係香港人，咁梁天琦就要遣返武漢啦。」[13] Max 直指香港和澳洲都是一個多元的組成，都是一個移民體系。所以即使近年全球右翼主義與

12 「所以到了最後還是要有人脈，要靠政治組織才能成事，並不是一個普通的難民組織可以輕易了事。」Max 說，「或者你丟一大筆錢進去就好辦事。」

13 「香港絕對是缺乏血緣作為聯繫，難道你要驗血嗎？但如果你說有中國南部血統就不是香港人，那連梁天琦也要遣返武漢。」

起如「美國優先」、「大中國夢」等，但香港和澳洲一樣都以認同普世價值為先，因為大家本來就來自世界各地，只以「同熱愛這片土地」作共同信念。

所以打著香港的旗號參政，背後的意義還包括對抗中國的霸權入侵。Max舉例澳洲在2015年將北部的達爾文港租予中國99年，「根本就好似割讓咁」，但即使澳洲已經有反悔聲音，但在一些閉門會議上，澳洲國會對達爾文港的問題仍然十分避畏，擔心一碰就和中國徹底反面。

卻正所謂忍一時激親自己，退一步益埋人哋[14]，中國去年底就開始向澳洲紅酒加收重稅，正是最好的佐證。近期澳洲調高軍費的預算，強調出於地緣政治考慮和中國的擴張威脅，當中國早年對澳洲植下的影響開始浮現，成為不可避免的政治議題，香港人作為「反中小先鋒」正好大有空間發圍。

而對Max來說參與政治的另一重意義，正是那句由無人叫變人人叫，再變無人叫的「光復香港」。Max認同即使澳洲甚至世界各國拋出不同的救生艇，令香港人可以暫且逃離中共的「納粹式」滅絕，都只是一場鄧寇克大行動（Dunkirk，台譯敦克爾克大行動）。

14 忍一時氣到自己，退一步便宜了人家。

要做到光復香港，需要的更是重整實力後的諾曼第登陸。但「人哋會肯收你就係睇中你嘅技術價值」，所以 D-Day 所需的一切船隻飛機降落傘，全部都要自己準備，而負起這個歷史責任的，只有香港人。

以上說的種種當然只是空談，Max 自己也承認「依家就咁講都係打飛機啫」，始終未來的事這麼近那麼遠，誰知道明天清晨六點半會不會有國安站在門外，又有誰知道說了十多年的「支爆」還要多說幾年，更何況才叫了五年的「光復香港」。

但說到光復香港，Max 認為首先要承認香港已死。被問到對香港十年內的想像，Max 思考良久，再嘆息感慨「都唔係好敢諗」，才吐出香港十年後應該「無香港人」的空想。「就算啱啱講嘅推得再遠，諾曼登準備得再多，未來海外有新嘅香港人才輩出，十年內應該都未搞得掂。」[15]

「我覺得大家去接受香港已經死亡，係好過去留戀香港呢件事依然存

---

15 諾曼登（**Normandy landings**，台譯諾曼第登陸，又稱 **D** 日）「就算剛剛所說的推得再遠，諾曼第準備得再多，未來海外會有新的香港人才輩出，十年內也未必能成事。」

在。」[16]叢林不割下，如何建造繁華，但繁華像幅廣告畫。Max 認為若然去適應香港的變化，只會令大家模糊了對香港的真實意義，倒不如蝴蝶夢裡醒來，記不起對花蕊的牽掛。「寧願去接受香港已死，然後日日好似反清復明咁將啲嘢地下化，都好過習慣身邊一切。」[17]

被同化，是 Max 最擔心，亦最自省的事。從不知天高與地厚，但已學會許多困憂。

「信念幾強都好，都會被外在環境影響。」Max 坦言對未來充滿恐懼，笑言「寧願死咗佢」，只因不願面對或已被同化的自己。「假設我真係落場參與澳洲政治，我會唔會澳洲利益行先，而唔記得香港呢樣嘢」[18]。世界要你努力去考取功名，但是真誠才是最大本領。

「又或者可能我真係咁有料，做到我想做嘅嘢，到時我會唔會成為左右咗年輕人發展，打壓年輕人？」[19]你無做到壞人，但你做咗你細個最唔想成為嘅，個種大人，所以 Max 在藍圖的第一步，就是重視啟發年輕人。

16 「我覺得大家去接受香港已經死亡，是比留戀香港這件事仍然存在更好。」

17 「寧願去接受香港已死，然後每天像反清復明那樣把事情地下化，都比習慣身邊一切好。」

18 「信念再強也好，都會被外在環境影響。假設我真的下場參與澳洲政治，我會不會以澳洲利益為先，而忘了香港？」

19 「又或者可能我真的那麼厲害，做到我想做的事，到時候我又會不會成為打壓年輕人發展的人？」

「希望可以有夠多年輕人，長期去否定上一代做嘅嘢。」思緒仿如走進時光隧道，曾經有那麼一個年輕人，有形無形地改寫香港好幾頁的歷史，也曾說過類似的說話。

那天將人送走後走出機場，或者是人少空虛感帶來的錯覺。

我發覺這地球原來很大。

後記

不敢說這是一篇好的專訪，但肯定是全書之中，寫過最開心，最有玩味的一篇，文中不少段句的鋪排另有巧思，希望讀者細閱時，若明白粵語者能會心微笑，僅此而已，尤其在討論「香港民族」此一嚴肅主題時。

其餘的或者根本不需多言。那天訪問完結後，攝影帶他在旺角四處補相，眾人也不斷恥笑Max擺姿勢不夠自然，「唔識影相點搞政治」[20]。同為年青人，我不反對這個世代總有數之不盡的不足，餘路處處還有更多值得學習，但將「目標遠大，不設實際」當作批評的理由，是我卻不敢苟同的。

記得專訪見刊時，對Max的質疑聲音：「鳩嗡、癡人說夢、大隻講」不絕於耳，印象中連《大公文》[21]也有關照參一腳嘲諷，那時曾私下向同事笑言，到他真的參選就是專訪的救贖，卻只是事隔一年後，他的而且確已曾在澳洲挑戰議席。

20 不懂拍照怎麼搞政治。

21 香港大公文匯傳媒集團的簡稱。

Hidden Track：iD9hfjvpms0

2021 年中大學生會 2021/03/01

朔　夜

一日
學生會

每年三月多間大學學生會相繼換莊，這原也只是一個再普通不過的系列專訪。

有人說在這個年代上莊很勇敢，潛台詞是這個年代充滿恐懼。學生會和政治的距離那麼近，在後國安法年代又彷彿更加近。而勇敢和恐懼的距離，無限接近：3983票的勇氣，和深宵交接後的總辭，相差僅僅四天。

他們的上莊寄語唔好死，說只要理念不死，後繼就一定會有人。因為念念不忘，必有迴響。

朔月無光，夜聚繁星。那麼就讓我們來佔據這晚星空，捉緊一剎那的認同，再細味、抱擁、緊記這分鐘。

猶記得四個月前筆錄港大學生會會長葉芷琳的專訪，當中筆者曾感言：「我們都忘了學生會的原意，只是爭取和維護學生在校內的權益」。學生會長

年有兩大標籤，或選其一：「政治莊」和「福利莊」，就看比重再作定義。

但現實是所謂校內權益也會被扯上政治。

固然凡事離不開政治，但中文大學由始已是政治。中文大學創校三台柱：崇基、新亞、聯合三間書院都和民國淵源甚密，創立先賢皆為民國遷台後，淪陷區中之學賢大儒，故說中大乃逃避共產黨而生亦不為過。從1950年向蔣介石之報告中，有文「港澳有大學數所，在教育立場上是反共，如錢穆等來港創辦之新亞學院」可略知一二。

因中大生於動盪政治，乃更著以人為本，重人文精神之教學，故往後數十年香港動盪之時，投身政治之中大門生比比皆是。羅子維說中大不存在政治莊福利莊，只有以中大為本的莊；林睿晞說中大學生會以中大學生為本，故當「校方好多決策已經高度政治化」，根本難以下定界線。

「學生會和校方關係越來越緊張。」羅直言這段「政治化」的關係，全因中大背後有各種政治壓力，凌駕中大師生利益。當學生會決意要負上保護學生利益的責任時，和校方的關係就自然走向對立。

矛頭都指著段崇智，曾經的段爸，如今的段狗。

但他們說，那位就是段崇智，單純的段崇智，只不過「連教授都稱唔上」罷了。羅子維形容段崇智「本末倒置」，舉例被譽為「中國研究麥加」的中國研究服務中心被肢解重組一事，形容「學術自由令佢成為教授，但佢唔 treasure 學術自由」。林睿晞則認為從段兩年前上二橋、去信要求徹查警暴，到今日的所作所為，足見他「無咗勇氣」。

政治或同流合污，或身不由己。有說中大是逼不得已淪為一棋，當林鄭都說出口大學在國安法上責無旁貸，中大主動報警可能只是走走程序；但保安組帶警方在校園「CU Hunt」，自然有向勢力獻媚的一說。

「如果棋係0，同流係1，中大應該係0.6到0.7」，他們認同中大的做法附和政權，最起碼角色上亦超越棋子；但就算中大有政治壓力是人所共識，即使已不能死撐需退一城，卻仍有空間存在，「佢可以唔趕盡殺絕，可以留一條生路」。

可中大現在卻由春風化雨變成風雨飄搖，選擇不站在學生一方，觸碰「員生自治」的核心精神。羅子維說，莊內早有想像過學生會有被封殺消失的一天。

而就在他說出此句後數日，中大校方已公然和學生會割蓆。

那份聲明震驚全港。我們感嘆台灣的國民黨如今的轉變，卻赫然發現相同的劇情也在香港上演。你看過深夜的記者會能有如此多港人關注嗎？

但說到中大學生會的影響力，他們撒手擰頭，說著「影響力已不及一四」，「一四年真係呼風喚雨」，甚至近日「闖出名堂」，中大的事卻支持遍佈全港，他們亦自覺受之有愧，認為「朔夜」付出未夠。

羅子維認為自一四年之後公民意識覺醒，學生會已不再提出決策，而是

「睇香港要咩」處於一個補位的角色。「我唔會話係後盾，會係喺大家身邊頂住」，他極抗拒學生會退後的說法，指「有啲嘢我哋仍然要講，仍然要做」。林睿晞亦不同意學生會出現前後轉變，而是「上下」的轉變。「香港人好多都唔需要一個大台，而係要大家靠一個信念向前同行。」

回想上一次大型社會運動後的低潮，各人為路線之爭而四分五裂；今日再次公民社會一沉百踩，卻能夠砥礪並肩朔夜同行。兩人認同路線之爭已不重要，甚至「香港人大多已經搵到一套自己信仰，認為正確嘅論述」，林說。他認為眼前只有一個共同敵人，故在後國安法年代各方面的空間正不斷壓縮，就更講求實際的行動，以鞏固對民主自由的渴望、鞏固香港人共同體的身分，去連結每一個香港人、裝備每一個香港人。

而裝備自己，最簡單的做法是「讀多啲書」。羅認為眼前最需要的，是守護學術自由，「如果無學術自由，我哋讀多啲嘅會係毛語錄、習思想」，故學生會的角色正是學術自由的一道貼身防線。他相信「2019年大家都種落咗一啲嘢，依家要做係守護，畀養份」。

在學術風暴前，他們都認同學界團結十分重要，組建一個學界溝通平台的重要性比以前更大，「甚至最簡單一個通訊群組，有咩事大家互相通告都好」。那天記者會晚上看似只是中大的事，但理大候任學生會長亦有到場，但這個學界團結又最何等單薄。

公民社會一沉百踩似是今年（2021年）才再上演，但學生運動一沉百踩在一四年後已悄悄開始。斷莊辭莊為常事，各院校被打壓自己知更是常態。早前城大學生會費被停代收，之後理大中大就出現相同戲碼，唇亡齒寒或許最適合形容各大學學生會的關係。

學術自由的防線理應有許多，今年卻剩下兩三個，現在又少了一個。

專訪尾聲一如慣常，我都問兩人對未來十年的想像。

林睿晞很想避答，「因為答唔到」，「正義幾時會來臨，自己未必能控制」，笑說「唔好死已經好足夠」。如夢的將來儘管一點不懂，他說不敢想像自己能夠改變世界，但若多行一步，對自己和中大都可能有所改變，因為他對中大仍然有期盼。

羅子維說理性上他覺得未來十分絕望，但無論理性和感性，都會保持初心來迎接自己十年的進步。「不過感性上，我信仰著一定會有希望來臨嘅一日，一定會有民主自由嘅一日，一定會有公義嘅一日。因為香港人堅持同努力，所有會有呢一日。我唯有咁樣相信，先可以推動自己繼續行。」[1] 完全明白是放縱，但是只得這刻可相信。

未來的那個你是否活得過癮，比現在這個我更喜歡那個自己。但以為未來遙不可及，卻終來得措手不及。

下筆至此總覺問題十分諷刺，之後隨口問了一句「會不會有下莊」，他們還說要看三方面：會不會有學生會、會不會有選舉、會不會有人願做，「應該有下莊嘅，香港人人心未死」，「情況再差總會有人企出嚟，就好似我哋企出嚟……」

1 「我信仰著一定會有希望來臨的一日，一定會有民主自由的一日，一定會有公義的一日。因為香港人堅持和努力，所有會有這一日。我只能這樣相信，才能推動自己繼續行。」

但原來就算有五十二中，都不再是他們的下莊。[2]

至此有一事未必多人留意——兩人皆為三年級生，是不折不扣的老人莊。應是一個追GPA，又或出國交流的青春年華，毅然選擇「上山」，更突背負著的愛與責任，還有傳承的意義。

「佢未必生我，但孕我唔少」。正是在這片土地有所經歷，故視其為「第二個motherland」，叫我最快樂，也叫我最心痛。「中大保衛戰」多少中大人負傷死守二橋，但在他們心中一切發生得理所當然，因為那是守護家園的決心。

對香港人是歷史一頁，對中大人則是深深一烙。故經歷過煙硝炮火過後的中大人，定必有一份愛與責任要承傳——3983票已是最好的證明，那可是史上第二高票。

「傳承應該係每一個做學生會嘅人都希望有嘅」，而他們所想傳承的正是中大的精神，是需要體會的精神，是文首的人文精神。所以他們忘了世界這分

2 五十二中：中文大學學生會會縮寫第幾屆為第幾中。朔夜是五十一中，他們總辭後，下一屆不會直接傳承自他們。

鐘，忘了這分鐘的險惡，跌進了這愛的裂縫；但在這晚愛火中，他們已寫下屬於自己的一分鐘。

定格這裂縫中，的一線星空。

#2018、2020年

中大學生會 2021/03/09

區倬僖

我貢獻了這個時代已經足夠

我們說，這個年代、後國安法年代，上學生會莊很勇敢。

但上學生會莊，從來不是，或從不應是。過去學生會就像跳板，學生會的名銜就像蝶戀花過後無憑無記，多少人以此投身政壇，屈指一算彼彼皆是。只是一個國安法來到，再說甚麼都是徒然，由上莊的一刻名字就被緊記。

那麼這個年代、後國安法年代，去年（2020年）六月一號第一個接棒的區倬僖不就前無古人了。這棒捉得很短，親密維持十秒，三月一號他交棒了，只是這棒交出去甚至不過十秒。

蝴蝶記憶很短，在交棒前、在跳出去前、在回頭像隔世一笑前，且看中大學生會前會長區倬僖能留下過甚麼恩怨。

「最深刻嘅經歷……答你唔到，因為太多。」這只是訪問的第一條問題，但已教區倬僖苦思良久。難忘未必永誌，故找不出烙痕的印跡。他說，自己一

年半的任期最大的遺憾，「係無咩經歷過咩真正嘅大風雨」。

還沒有驚艷，才沒有考驗。區倬僖於2018年中上任成為中大學生會會長，是他口中「可以好自由享受大學生身分」的年代；到回巢署任已是2020年中，避過一九年反送中運動的一身客塵，且老鬼署任的臨政身分，只需要維持學生會最基本的運作便可，能做的事亦無身位多做。

「所以畀你揀，你會想做一九年個支莊？」[1]我問。

「咁梗係啦，我係身痕架嘛。」區倬僖覺得若時勢地移，只要當時有一個身位，自己便可以尋更多是惹更多非。「中大學生會會長區倬僖行出嚟係邊個，啲人唔需要識你區倬僖，佢知你係中大學生會會長就得架啦。」[2]

這個身位他有過兩次，兩次都如碎步湖上。他形容自己第一次上莊「想做好多」，但奈何只是一個剛入中大，「乜都唔識嘅嚫仔，自然好多嘢都唔識去做」[3]，況且當年正值社運低潮，能做的事情極為有限，即使提出再多本土思潮論述，和香港人都是沒緣分喪氣，no one gives shit。

1 「所以給你選，你會想加入一九年的學生會？」

2 「那當然啦，我喜歡惹事。中大學生會會長區倬僖走出來是誰不重要，人們知道你是中大學生會會長就夠了。」

3 「甚麼都不懂的小朋友，自然很多事都不知道怎麼做。」

時間向前推進兩年，但這次卻是 **no one can give shit**。進入後國安法時代，區倬僖同意香港再次陷入社運低潮，「就係梁繼平所講嘅『公民社會一沉百踩』」。即使本土思潮終在香港人心中站立得起，「大家都知道要做啲嘢，但大家都唔知道要做啲咩」[4]，包括中大學生會都要適應新時代，尋找在新香港中還有甚麼灰色地帶可以遊走。況且新時代要適應的遠不只國安法，還有大眾的新期許。學生會不再有學生領袖的角色，反送中運動期間每個人都是大台，每個人都有自己的想法，每個人都是自己的領袖。

區倬僖指一九年對他的啟發，是學生會不再講求「衝得幾前」，而是「有幾大承擔」。故在區倬僖而言，在重要的一年沒有中大學生會的身位，遺憾的不是未能種下甚麼，而是未可摘來甚麼。自己不覺得能比蘇浚鋒做得更好，但他說相信自己能在一九年成長得更多。

2019，我們勇敢了一點嗎？我們又成長了一點嗎？區倬僖說成長了許多。

4 「大家也知道要做些事，但大家也不知道要做甚麼。」

因為上莊，換來掌心多了一根刺，多了許多根刺，多得不能再懶知。身邊的朋友或收監或流亡，前一刻我是我和途人一起，經歷年間的風花雪月，後一刻留下我在糞土當中。翻檢背囊，拾回自己的區倬僖在心態上成長不少。

一月二十五日警方大舉到中大搜捕，期間押走區倬僖。被捕時一臉平靜微笑，他說自己已經「睇開咗」，形容自己的經歷有如破窗效應，「一八年嘅時候上過咁多次新聞，一路以來又被藍絲狙擊過，到一九年拉又拉過，某程度上係呢方面我已經無所畏懼。」反覆往來，又再做回自己。他自覺投入社運的那些年，最大的成長是認清自己眼前的目標，「清楚知道自己想要咩」。

區倬僖說，想「be one of the founding fathers」。

人各有志，兄弟爬山，有些人樂於在鏡頭前振振有詞；有些人遊走於國際角力場間四兩撥千斤；也有些人奉獻最大卻又默默無聞，無聞於大眾間：年間曾喊著八字口號的一定知道誰是梁天琦，卻知道王俊杰的寥寥有數，試問梁繼平脫下口罩那一瞬，又有多少認出《香港民族論》正出自其手。或者在往後歷程中不來也不去，但他們就是一切的開端，是那一瞬的要角，是區倬僖口中的

「每一個民族主義者的心願」。

說來可笑又說來諷刺。區倬僖一直都是民族主義者，但來到今日的區倬僖，還要多拜周融所賜。

就是你在想的那個周融，那個曾和香港電台台長無限接近的周融，那個「保普選反佔中」的周融。區倬僖笑言周融是他的政治啟蒙，他說自己過去都是一個民族主義者，認為中華民族人多勢眾能凌駕輾壓所有人權民主法治，乃至少數民族的生存。直到有著相同理念的周融出現，令他不禁反思。

「點解啲咁柒嘅嘢可以喺香港發生？」[5]

正是周融舉行的一場「大遊行」，動搖他對故執的堅持：「我會想將自己訴諸一個集體，但當呢個集體係咁柒，我唔會想去埋佢堆」。與此同時928佔中的開始，對區倬僖是另一種三觀的衝擊，讓他看到在虛構的中華民族集體

5　柒：香港髒話，意指不堪、令人尷尬、低等的。「為甚麼這麼低能的事能在香港發生？」

以外，有另一個強大的集體名為「香港人」。

也許大家都對催淚煙習以為常，但歷史上的第一顆，第二顆，乃至第八十七顆，襯托出是區倬僖眼中，香港人堅毅不屈、甚至正義的特質。那天，香港人如水一樣，催淚煙在水面中泛起層層漣漪，轉眼人群又再填滿夏慤道。

「之後我就沉咗船。」他說得十分平淡，就如敘述花開結果的必然過程。

一四年就是種下的花。

很多人曾說會說常說，沒有一四就沒有一六，也就沒有一九。事後推論看似無解無誤，事實是根本大不相同。兩次煙硝霧火是劇情相同，卻是截然不同的故事。

一四年只是超生了的花，種下來沒有果，但開花一程過路上各有得著，如區倬僖因而接觸佛學，「打開咗呢個連結」。整個訪談區倬僖的言詞都十分玄妙，說他「講嘢真係好佛系」，他笑了笑沒有反對，說是那些年令他關心時政，多接觸世事，「渴望了解世界如何運作，睇多啲唔同類型嘅書學多啲嘢」。在機緣巧合下閱到一本介紹東方哲學的書籍，讀到一節討論佛的哲學。

「呢套根本係究極真理嚟。」他說自己當時只是相信佛學，認同從哲學角度佛能夠解釋塵世萬物緣起性空；直到自己上莊拋身投入社運，卻發現社會低潮間自己無論再努力皆徒然，他開始質疑自己，「覺得自己係零，做咩都係垃圾」。但盲目過，便看到天機。他開始以佛學看清自己，即使所作之勤落得何等下場，本來無一物下就算所為有否意義，「你仲係你，你始終都係你，世界都係咁運作。」

但既然世界都是如此運作，又何苦要 be one of the founding fathers？區倬僖認為中共政權有如人類文明中，不公義年代的癌細胞，「不斷破壞人嘅自由意志，散播愚昧逼害宗教……」——說穿了就是中共阻住地球轉，故有必要將中共打敗，「進入一個自由，尊重人自主性嘅新時代。」

沒有自主性的人，中大校長段崇智應是最佳模板。

由段爸到段王爺乃至段狗，區倬僖對各個評價都不認同。「佢就係段崇智，就係一個除咗教學之外咩都唔識嘅老人家。」[6]

區倬僖覺得由頭到尾段崇智都沒有人的自主性，無論站在二橋被人讚又被人炸，還是躲在行政樓對學生會乃至大眾義正嚴詞，段崇智都是「被夾上台」，從來非自由意志的決定。「佢喺二橋嘅時候就被學生夾，到社運氛圍過咗，就被港共政權夾」[7]，在區倬僖眼中，由2018年開始真人的段崇智都是一個「無咩主見被人夾嘅老人家」。

「其實我都唔知佢有無咁嘅意識，知道自己被人攞咗上台，當係棋咁用緊。」[8]區倬僖說理解段崇智的身位，但絕不會原諒段崇智的所為，哪怕只是身不由己，都是助紂為虐。區倬僖對段崇智作為校長的期望，並非作為一個「被人夾嘅角色」，而是能負起更多責任，「守護學生，守護院校自主」。

「即係如果我坐佢個位，我都唔覺自己會做得比較好。」

6 段崇智：2018年起任香港中文大學校長。「他就是段崇智，除了教學外甚麼都不懂的老人。」

7 「他在中大二橋保衛戰時被學生夾著（指脅制），到社運氛圍過了，就被港共政權夾。」

8 「其實我也不知道他有沒有這樣的意識，知道自己被人當成棋子利用。」

「但我唔係坐緊佢個位嘛！」

那在自己的位置上，區倬僖又覺得呢？他說自己對得起社運浪潮下的歷任學生會長，在可以的範圍內已經做盡能做的大大小小……

「仲想我可以點啊，唔好逼害我啦……」不，始終這年代總有人會以歷任的成績單，指著現在說太溫和，但區倬僖說已作出對得住當刻時代的事便已足夠。「或者若干年後會有下一代挑戰我哋，認為我哋做緊嘅嘢係錯嘅，阻住歷史發展開緊歷史倒頭車，但一切都是後話。」[9]

「總之我貢獻咗呢個時代已經足夠。」

因為未來的事，誰也說不準，區倬僖說自己也不懂得判斷下個時代的香港。他認為現時的世界幾明處於一個重新洗牌的階段，但洗牌的過程和到來都是未知之數，卻偏偏未來的香港正取決於未來的世界，而未來的中大甚至自

9　「或者若干年後會有下一代挑戰我們，認為我們在做的事是錯的，阻擋歷史發展，開歷史倒頭車，但一切都是後話。」

己，都取決於未來的香港。

那自己將來會否離港？區倬僖一直不鼓勵人離開，但說到自己他也交不出一個確實的答案。引鄺頌晴對流亡的「情人分手論」，他說自己絕不想離開，因為香港是他成長的地方，他能想像到別離的痛苦。「但當如果我知道有一日我離開，可以為呢個地方貢獻更多嘅嘢，我會毫不猶疑選擇離開。」

距離這個離開，區倬僖指遠遠還不是時候；但離開學生會的崗位，已是轉眼之時，他寄語下莊只有一句說話——「唔好死」。

回想一八年區倬僖首次落莊，他寄語一九年中大學生會的說話是「放下我執」。或者是一八年「我發覺這地球原來很大」後看破紅塵的唏噓，他解釋當年的一句是著下莊不要「把自己看得這麼高」，無為強求去做到太多的名成利就，腳踏實地。而「唔好死」一年間耳熟能詳，雖和見字飲水是一樣的基本要求，看似更加卑躬屈膝，但相比之下有著更崇高的託付：

固然肉體上要「唔好死」，組織並非重要，重要嘅係人，有人就會有無限嘅可能性；但精神上同樣「唔好死」，唔好放棄理念，理念唔會死，後繼一定會有人。念念不忘，必有迴響。

言盡最好於此，這是區倬僖留下最後的小小意思，回望最初的小小諷刺。訪問未出街，三月一號區倬僖交棒後十七小時，下莊朔夜宣布總辭。

回望最初，當喪失是得著可不可。

後記一

訪問最後的一個問題，是離任前有甚麼話想對段崇智說。他說沒有，「不如留返啖氣暖胃」，訪問就此結束。

「但我有嘢想同香港人講喎。」他在我按掉錄音筆的一瞬說。每次作專訪都有許多煩惱，面對記者所有人都少說為妙。在專訪前和區倬僖午膳，他笑說

「記者都係仆街嚟，借我把口講你想講嘅嘢啫。」[10]大家都對記者有所避諱，社運需要謹言更然。

把這段寫下並非記者的牢騷，而是向他口中的香港人，即你甚或我作證，以下未作節錄的一段，是真正的「人之將死，其言也善」：

「我覺得而家呢個時勢，最緊要係相信。相信有幾樣嘢：

其一係要相信自己。唔好輕言放棄或者犧牲，要相信自己喺未來係一定會變得更加好，同埋可以貢獻更加大，相信自己未來無限嘅可能性，只要唔好死。

其二要相信我哋嘅理念。要相信理念係會有實現嘅一刻。只要我哋願意去等待，就一定會成功。

其三要相信香港人。雖然而家成個社會睇落去好似沉寂咗好多，好似冇乜搞作咁，但事實上大家只不過係用一個更加隱蔽嘅方式，去貢獻緊成場革命。革命係冇停止過，只不過係用另外一個方式延續。

10 「記者都是王八蛋，借我嘴巴說你自己想說的事。」

11 「我覺得現在這個時勢，最重要是相信。相信幾件事：

其一是要相信自己。不要輕言放棄或者犧牲，要相信自己在未來一定會變得更加好，可以貢獻更加大，相信自己未來無限的可能性，只要不要死。

其二要相信我們的理念。要相信理念會有實現的一刻。只要我們願意去等待，就一定會成功。

其三要相信香港人。雖然現在整個社會看起來好像沉寂了很多，好像沒甚麼事，但事實上大家只不過是用一個更隱蔽的方我哋要相信嘅係一九年覺醒咗嘅人，無咁容易會做翻一隻港豬。大家都只不過係潛伏緊係呢個社會嘅唔同角落，只要時機成熟，大家就會出返嚟。

所以我哋一定要相信，要等待。」[11]

專訪完成後，走向百萬大道作硬照留影，他忽然和我說起中大的建築風格，說身後的范克廉樓富爾敦樓都是依地勢而建，說中大過去的建築都處處體現人文精神，是依照風水的原則而建，但這一切在高錕離任後就而成往事。

回到專訪開首的那條問題，其實區倬僖有給一個答案，但都是和莊員在辦公後酒逢知己飲的談天說地。故走上百萬大道時，我問以後會不會常回學生會看看，他說自己會克制自己不要，「人要向前望嘛，只有眼前路，沒有身後身」。

或許，中大學生會對他來說，只是一段舊情。

但因這段舊情有著太多遺憾，所以更完美。

式，去貢獻整場革命。革命沒有停止過，只是用另外一個方式延續。

我們要相信一九年覺醒了的人，沒那麼容易會做回一隻港豬。大家都只是潛伏在這個社會的不同角落，只要時機成熟，大家就會出來。

所以我們一定要相信，要等待。」

後記二

時代轉變得太快，很多決定都被逼要瞻前顧後，但時代太快，很多決定不做，我們就是落後的一群。印度電影《我和我的冠軍女兒》裡，阿米爾・罕所飾演的父親對兩個女兒實行嚴格的摔跤訓練，這種所作無不有著方仲賢說法的既視感，剝奪了下一代的無限可能。

但同一時間父親所做的，是留給了女兒之後的無限可能，而訪中的一言「總之我貢獻咗呢個時代」，正是電影裡父親的所為。區倬僖後來因反送中抗爭間的行為，被判罪成入獄，自撰的求情信中有言一問「到底我們是為了甚麼而存在？」，後延伸出「生而為人，最大的價值就是命運自主」的答案。

歷史遺留下來的錯誤，就應該交由將成為歷史的我們解決，讓還在未來的下一代重覆我們的輪迴，重覆我們不斷痛斥上一代懸而不決的輪迴，才是真正剝奪了下一代的無限可能，局限了下一代只得一種可能，局限了下一代的命運自主，生而為人。

私不認為愚見能完全補充區在訪中的所有思想，故以下附上區日後自述求情信全文，讓讀者細會：

法官閣下：

感謝你耐心閱讀。

在收集求情信時，眼見有師長出於關懷替學生撰寫求情信，事後卻受到極大壓力，被批「為黑暴開脫」。可悲的年代，為免他人受到牽連，本人最終決定只向閣下提交此信，一人做事一人當，還望閣下見諒。與其說是求情，本人更想藉此機會與閣下分享我的一些成長經歷，以解釋究竟是怎樣的因緣造成了今日站在閣下面前的第二被告。

托賴父母所賜，我生於一個小康之家，雖則不是大富大貴，卻至少在成長的過程中毋須為基本的生活需求苦惱，於是有了更多閱讀和思考問題的閒暇。

其中，我自小便常常思考的一個問題是：「到底我們是為了甚麼而存在？我們該如何彰自己生而為人的價值？」可惜，小時候整個社會環境都在告訴我香港不是一個適合思考這類問題的地方，大家都只想你讀好書，考取功名，然後長大出來做一個生財工具。但偏偏，我對這種被預設好的命運感到不安。

高中那年，香港爆發佔領運動。那時，在電視機前看著無數香港人前赴後繼高聲呼喊「我要真普選」，甚至不少商舖冒著虧損風險都要到佔領區送水送飯，這些畫面令我知道原來賺錢以外，香港還有其他可能性，原來香港人也不純然是一種經濟動物。佔領區大台背景綠底白字的「命運自主」，從此深深烙印我的腦海之中。

汗水與淚水互相交織，朦朧之中，兒時的問題隱約也好像有了答案：「生而為人，最大的價值就是命運自主。」比起作為社會的生產零件安然渡過一生，我們或者可以選擇追逐理想；比起遵循著早被安排的命運，香港人或者可以選擇命運自主，大膽想像這片土地的未來。於是，抱持著這樣的理想，我在大學選擇修讀政治與行政學系，並在一年級的時候參選中大學生會，向著自主的未來大聲疾呼。

然而，一年下來，冷漠的社會環境卻使我氣餒。那一年，絕望的氣氛反映在學生自殺潮。一個又一個年輕人抵不住看不見未來的黑暗，終結自己短暫的一生，當中包括我的一位好朋友。在我好朋友無聲無息突然離開之後，無數個日與夜，我都只能瑟縮床上緊盯著窗外的日出日落，審判自己的無能，質問自己為何無力阻止悲劇的發生。

亦是那時，我開始懷疑「命運自主」這四隻字的真確性。任再自主的靈魂如何掙扎，似乎都絲毫無法阻止這片土地的沉淪與腐化。於是我在想，殘酷的社會之中，所謂命運自主，大概也不過是個荒謬的笑話。

就在如斯低落的情緒狀態下，我接觸到佛教。某日的頓悟之後，我明白一切都是緣起性空，順境也好、逆境也好，一切都只是暫時，沒有永恆不變的道理。由此，我學懂放下我執，放下個人榮辱得失。做事，不計較一分耕耘是否得到一分收穫，只在乎自己、身邊的人以至這個世界，有否因為自己的一念一行而變得更加好。過去無法改變，現在受到過去束縛，未來卻取決於現在我們如何選擇。

儘管這個世界有很多我們未知又不可改變的事實，但每一秒，我們都能透過自身的行為創造出理想的未來。所謂命運自主，大概就是這麼的一回事。由此，在信仰之中，我找到繼續面對生命的力量，以及日後迎接命運的勇氣。

如同案情所述，我在2019年10月20日的一場示威活動中被捕，至今576日。這段期間，接近一萬人因社會運動或其他政治事件被捕，然後這一萬人以外，因各種原因被逼離港，歸來無期的人不計其數。比起當初不少人期望的命運自主，或民主自治，現在情況卻明向著相反方向發展。記得我被捕之後，曾有警員嘲笑我，問我上街到底自覺爭取到些甚麼。現在回想，這576日裡面，除了失去更多同學和朋友之外，的確看似甚麼都爭取不到。毫無疑問，比起我自己的案件本身，於我而言這絕對是更大的創傷。

但與幾年前被無力感擊至崩潰的情況不同，今天的我毫不絕望，亦沒有因此放棄「命運自主」的信念。這漫長又多變的576日，除了創傷和痛苦之外，我同時看到希望，因為我知道，在法庭和監獄以外更多看不見的角落，有更多人正為「香港」這兩個字前赴後繼、默默耕耘：從商的，即使蝕本都要做好香港品牌；文化創作的，正為重拾「亞洲第一」的榮光而日夜努力。在這班充滿理想，充滿生命力的香港人身上，我感受到無量的勇氣和智慧。在他們面前，我自愧不如，更自覺沒有自怨自艾的理由。正因他們的存在，我更加相信這個地方的未來絕對不會命定似的一直沉淪下去，而是會創造出無限的可能性。

諾貝爾文學獎得主卡繆曾說：「或者每個世代內心都懷抱住改變世界的理想，我的世代知道這個世代是無法做到，而這個世代的任務或者更大，就是阻止這個世界的崩解。」

因為過去的歷史緣故，我們這一代人無權選擇不生於一個不論言論空間和政治權利都日漸萎縮的香港。在兩年前的夏天，我們選擇反抗被安插的命運，向世界展現我們的自主意識，現在，就是我們要為這個選擇負起責任的時候。世界正在改變，或許正在變好，又或者正在崩解，但不論前面等著我們的是甚麼，我相信我們始終都是命運自主的一代：我們都正以各自的方式守著自己的崗位，努力地開創一個美好的、真正屬於我們的新時代。

感謝閣下撥冗閱讀我的自述，我明白自己犯了香港法例，我願意為此負上相關刑責，絕無半點怨言，因為這是我自主地選擇的命運。最後，我知道在這

576日裡面，我的家人和女友一直為我憂心不已，對此我實在萬分抱歉。我是個有信仰的人，今後不論流落何方，我都會盡我所能保持信念，一念一行都以創造出更好的自己和世界為目標，直至完全終結這個時代的苦難。

第二被告
區倬僖
2021年5月18日

2019、2020 年

浸大學生會 2021/04/17

方仲賢

青春一場修煉

記得筆者高中時，家父常「欺騙」說大學是揮霍青春的地方。進入大學後，發現所謂青春的揮霍又不外乎三種：拍拖、住宿、上莊。但拍拖甚至可在小學完成，住宿亦非大學專利——原來青春的揮霍是上莊。

但畢竟「少年時間 既然昂貴 大好青春要盡耗」，卻回頭發現「釋穿沿途的污糟」時，並非真的「毫無控訴」。

原來青春的揮霍亦是一場修煉。

上學生會莊被左報狙擊頭版招待，面對極權指控為常事。經歷反修例的年月洗禮，學生會一夕之間被洗滌得蕩然無存。那邊廂中大一場風波鬧劇沸沸揚揚，學生會更如同夭折，攬盡鏡頭聚焦。

只是沒多少人在意，中大的結局同樣在浸大出現，浸大的競選內閣黯然退選，而最後面對的，是浸大學生會署理會長方仲賢，是即將卸任的方仲賢，是在空餘兩人的學生會室，點起絲縷香煙的方仲賢。

口中訴說他青春的一場修煉。

政權死咬學生會不放，想起來是十分合理的。

那一年拋頭顱灑熱血，多的都是年輕人。至今被控暴動的765人中，平均年齡23.11歲，當中18—29歲的多達601人，比率接近八成。回頭想起來數月間，印象深刻的數日皆和大學離不開關係，好像大學就是一切的溫床，而大學的學生會就是「大台」……想起來運動之初，八大學生會還曾聚首百萬大道，多少學生響應一同罷課。

但方仲賢吐出一口煙，笑說「嗰次已經係走得最前啦」[1]，指學生會在一九年根本不可能當大台，在「兄弟爬山，各自努力」的前提下，方仲賢形容是另一種教條主義，「綁死」學生會的角色只能退居支援。「當年一四雨革後，推冧大台就係我哋呢的人，點可能自己做大台。」[2]

---

1 「那次已經是走得最前了。」

2 「當年一四雨傘革命後，推倒大台就是我們這些人，怎麼可能會自己做大台。」

方仲賢說，回到上任前，回到上一次社運低潮時，的確目標是要「做啲嘢，創造一個變局」令全民覺醒，甚至作法亦十分迂迴：要以福利吸引同學先留意校政，再循循引渡至時政，說是「福利莊」亦無可不可。但糧草未動，三軍已行，忽然社運就如海嘯席捲，變局就來了。但前所未有的局勢，令學生會不可能貿然作指點，會擔心每個動作都是致命性，更擔心承受不了後果，「會發現好多嘢你無準備，埋門會撻Q」[3]。到學生會任期結束，臨政身分又無民意授權，角色更變得模稜兩可。

回顧兩年學生會會長任期，方仲賢形容又驚又險地渡過，見證一個時代開始至終結，但起起落落當中的喜怒哀樂，他自言快得無法適應。即使離任在即有如解脫，但眼前又是另一個深淵——他留下的學生會再次無人接莊，學生會被清算卻又無力抗爭，如一九年理大圍城後的大小每每。

「真係寧願反送中個陣全部學生領袖被捕，點都好過依家捉棋咁被人逐隻食。」方仲賢如是說。他衝著我冷笑一聲，口裡是第一支煙的最後一吐，「橫掂都係死點解唔轟轟烈烈。」[4]

3 埋門撻Q：足球術語，臨門一腳時才跌倒。

4 「真是寧願在反送中時全部學生領袖被捕，都比現在像下棋那樣逐隻被吃掉好。既然也是死，為甚麼不轟轟烈烈。」

但學生會勢單力薄，被政權逐個單吃，真的是不可逆轉嗎？誠然一四年雨革後凜冬中的退聯潮，令學聯會員僅餘中大、樹仁、科大、嶺大，亦失去一個維繫大專學界的平台。卻在一九年盛夏中各路共附百萬，然學界不團結一說未非全然。能團結八大，起碼也需識盡八大（嚴格上是九大，如今更有恒大），翻開學生社運圈中佼佼者的社交帳號，總有方仲賢的身影。

身陷囹圄的前學聯副秘書長岑敖暉曾和筆者閒聊鳩噏[5]，言談中提到要學界大團結，總需有人出面，更點名方仲賢。

「覺唔覺可以做得更多？」

方仲賢把玩手中的火機好一會，搖著頭說「呢啲嘢無得咁講。」他認為假使自己有一個能力可以再團結各大院校，校校學生會皆有正莊，莊莊成員皆為社運中堅，其影響力都遠不及一次理大圍城。方仲賢同意固然無法量化每一個人「搏盡」的影響力，但假使當日搏盡，結局極可能要承擔上一條名為國安法的罪名，反問「訪問呢刻仲有邊個政治領袖未流亡、未坐監」。

5 鳩噏：同 9up，胡說八道，聊天打屁。

但現實是即使未有「去到最盡」，他還是被權力盯上。一九年八月六號，方仲賢在深水埗購買觀星筆後被捕。當初尚爭議觀星筆能有何殺傷力，卻輾轉間多少人因此筆被判囚，但都在抗爭現場「人贓並獲」；如方仲賢在店外被捕的，或許而是最客觀的證明。

最終甚至加控三罪，又轉至最高可判監七年的區域法院審理，排期多時年尾才開審，被捕到正式受審間，身邊社運的戰友「走的走，囚的囚」。案件首次提訊後方仲賢面對記者時，曾慨嘆流亡的經歷比囚禁「更加更加更加十分難受」，是因為不捨得香港，捨不得最愛的成長地方，才作出犧牲，付出光陰。

固然現在的方仲賢走不了，但哪天說不好能無罪釋放，抑或服刑完成後……他說離開與否是一種政治判斷，「判斷自己bear唔bear到worst case（承唔承受到最壞情況），但現實係可以worse過worst（比最壞更壞）」，笑言「係仆街方面香港永遠有希望」，故應許之日的到來時，他也不知自己會作何決定，「因為好多嘢根本就整定，身不由己嘅」[6]。

「係㗎，如果呢份專訪出街，成篇嘢就係充滿住負能量。」他說。

6 「因為很多事情根本就命中註定，身不由己。」

卻在身還由己時，方仲賢很可能因為政治判斷，先避過一次十年的囹圄。三月一號在西九龍裁判法院內受審的47人，方仲賢亦和其他千千百百的港人到場聲援，他和47人的距離比一個螢幕更近，大概就是一個政治判斷的距離。

曾經他也被盛傳會出戰九龍西區的初選。確實觀星筆一事令他累積不少知名度，甚或是光環。但如黃之鋒所言「光環要用嚟燒」，他開始思考自省自己光環的價值：作為學生社運圈一分子，方仲賢認為自己要延續、代表學生在運動，甚至社會上的地位，和堅持的價值——方仲賢更希望以自身的光環，宣揚所謂的本土理念。

「不過有其他本土派做緊相同嘅事，我就寧願退位讓賢。」方仲賢說當張崑陽願意站出來參選，他便毫不猶豫地退下，因為「張崑陽有一個民意授權比我有用得多，我都唔打國際線」。他說當時街頭戰線已經息微，反而國際戰線已交出成績，而張崑陽獲得民意授權，能令外國政要有理由要與之一會，亦能一個有名望的人代表港人在國際宣揚本土理念，發揮政治能量，「點都好過我食咗個國安法，個政治能量已經差好遠。」

這一次因政治判斷退位讓賢，但前一次因政治判斷當仁不讓。前一次正是上莊成為學生會時。

兩次最大的共同點，都是本土理念。

他回憶起當年上莊時，雖然是大局的社運低潮期，但卻是路線之爭的社會高潮。圈內的人為「67之爭」吵一番，為「民主vs民族」再吵一番，形容是「大家都未進化」的年代，但他卻堅持「本土必須要抬頭」，所以縱使當年的對手是從政政系出身，修讀歐洲研究的方相對「自己咩都唔識」，他依然以意識形態先行。

很多人對方仲賢的印象，除了觀星筆外，就是「有錢和好撚有錢」。有次在法庭外等他「扑咪」[7]，幾位記者討論是家住九肚山的他開甚麼名車到庭應訊。

社運才不是有錢人的玩意，這是我們的刻板印象，特別在近一年眾多年輕本土派的冒起：要麼欠債參選、要麼戶口歸零（所以一直未有找岑敖暉專訪，

7 扑咪：記者拿著麥克風訪問或追問。

筆者也付不起他來辦公室的來回車資）、有些甚至要籌錢打官司，方仲賢一介富公子的身分得突兀。故有人說方仲賢參選學生會是為了「刷 CV 賺知名度」、累積政治能量，始終在外國，學生會會長確是值書一筆的經驗。

他說這在理性層面上是說不通的。「假設一個人好有錢，佢要刷靚 CV 做啲有影響力嘅嘢，點解佢唔學肥佬黎（黎智英），或者用錢去堆砌自己政治資本，就算好似龍門、阿布泰咁都會有幾十萬 Like，都會有政治資本」[8]；但他所選擇的是「落手落腳同佢撐到行」[9]。方仲賢回想當時上莊腦裡只有「戇鳩」，覺得「個大學好戇鳩」、「個社會都好戇鳩」，但又沒多本土的聲音願意擔此高位，故蜀中無大將只好親自當先鋒，而「有一條輕鬆啲嘅路唔揀，要揀一條難嘅路，呢啲係叫戇鳩。」[10]

「所以你係大眾心中嘅形象，同現實差幾遠？」

「差好遠。」他馬上回答，然後又深深吸了一口香煙。富公子配萬寶路。

---

8 「假設一個人很有錢，他要把履歷弄得漂漂亮亮，做些有影響力的事，那為甚麼他不學黎智英，或者用錢去堆砌自己政治資本，就算好似龍門、阿布泰（黃店）也會有幾十萬 Like，都會有政治資本。」

9 「親自上場對抗。」

10 戇鳩：香港髒話，意指低能。「有一條輕鬆的路不走，要選一條難的路，媽的智障。」

訪問前曾探問周頌天，任職浸大評議會主席的他崗位上和方仲賢「亦敵亦友」，他說私下「方仲賢份人好直」，只要覺得不公義、不合理的事，方仲賢會「企得好直，唔多讓步」，因而無視和其他持份者的關係和感受。

就如方仲賢批評民進黨一事。

運動因理大圍城而轉向沉寂之際，方仲賢隨香港大專學界國際事務代表團訪台時，在 Facebook 撰文批評執政民進黨沒具體條文措施幫助抗爭者，引來台灣陸委會回應外，更受盡千夫所指，最終不得不重返台灣道歉……「好多人覺得我道咗歉，其實我只係話『言詞容易被有心人利用』。由始至終我都無後悔過我講嗰番說話。」

事隔一年回望，方仲賢認為自己話根本沒說錯。他認同民進黨政府的確有在暗地裡協助香港抗爭者，否則亦不會有眾多人選擇流亡台灣；惟他當時看到的是缺乏措施下，許多抗爭者在當地「有好多受難，飯又無得開，被利用當政治工具慘過二等公民。」

「當時講呢番話的確係唔成熟，係衝口而出；但你問我有無後悔，我好肯定會話無後悔，因為有啲說話始終都要有人講出嚟」。對於方仲賢來說，抗爭者所面對的痛苦永遠是心中最軟的一塊，經歷兩年的時勢洶湧，他甚至開始反思運動間每個大小決定，甚至是運動前。

「我哋一開始同佢搏鬥，上街、佔領、遊擊戰，不斷製造好多畫面新聞想令到佢（中國共產黨）bear唔到個政治成本，於是同香港人妥協。但經過2020年有埋國安法後，突然發現班仆街先係真攬炒，先係無底線，連國際關係、貿易都可以唔要，咁搞唔掂喎。」[11]

「其實我哋當時係咪應該『袋住先』？」[12]方仲賢遂說，坦言此說法定會受盡千夫所指。

2017年香港政府提出政制改革，最大突破為經過提名機制後，香港人能夠普選行政長官，惟最終在民主派全力反對下被否決。放在人大委員會近日大幅再修改香港政制時，固然當時的改革難免令人追悔惜遲，但同時亦客觀地證明即使「袋住先」，他朝人大一句「全面管治權」，結局大可殊途同歸，筆

11 「我們一開始跟它搏鬥，上街、佔領、遊擊戰，不斷製造很多畫面新聞想令它（中國共產黨）無法承擔政治成本，於是會與香港人妥協。但經過2020年有了國安法後，突然發現那群王八蛋才是真攬炒，才是無底線，連國際關係、貿易都可以不要，那沒辦法了。」

12 袋住先：先接受了再說，此詞於於2016年及2017年香港政治制度改革的爭議中出現。「其實我們當時是不是應該妥協？」

者亦相應提出質疑。

「但抗爭過程入面，身邊有人參與，見到他人受難各種創傷真係太沉重。」他說。方仲賢認為自己等在社運圈子內的人，在站出來的一刻已經有覺悟，心理所能承受的能力都高於一個普通平凡、寂寂無名的抗爭者。「但佢哋無受過咁嘅訓練，佢哋可能作出嗰個行為嘅時候，無諗過自己承受唔到個後果。」[13]

方仲賢自問在「修煉」的兩年以來，最大的得著是了解到不單要對自己負責，更要尊重和珍惜身邊擁有的一切。那天在法院外他說審訊的過程「最辛苦係朋友同屋企人」，又指若有一日自己被判刑，希望身邊人「唔好比我更加難過」。

「好似理大圍城咁，裡面有你愛嘅人你重視嘅人，每一幕都一殼二殼眼淚，咁搞唔掂嗃，點搞得掂啊。」[14]

「或者功利少少講，可能47人依家被捕，但他朝一日嚟到佢哋會有光環。咁Suck Channel（反送中運動間一個發佈資訊的Telegram頻道）個Admin呢？

13 「但他們沒受過這樣的訓練，他們可能在作出行為時，沒想過自己承受不到後果。」

14 「就像理大圍城，裡面有你愛的人你重視的人，每一幕都淚流滿面，這樣不行，怎麼能行。」

25條罪25世都未必夠坐；12港人呢？可能會有光環，但係個海到被人捉咗上中國，呢種超級恐懼就算畀個光環你，都唔係個個肯作交換；仲有灣仔爆炸品案呢，2019年7月香港民族陣線嗰個呢，量刑起點十幾年（後該被告已於高等法院認罪，刑期最高二十年）。」[15]連珠發炮地數出一連串的案件，一連串大眾漸將遺忘的抗爭者，方仲賢想說明是即使他日服刑完畢後，這些人依然是無名無姓，亦因而令所作所謂變得不值。

他回憶起自己今年（2021年）「CON（質詢）下莊」時曾問到，若有機會會否和共產黨妥協，換來一個斬釘截鐵的否定，指不希望這一代的妥協，犧牲下一代闖蕩的無限可能。他說若然是兩年前的自己或會有相同答案，但經過兩年的洗禮，他覺得攪炒或同樣犧牲下一代在「袋住先」下的無限可能。

對於「袋住先」我們其實有過共同的想像。那年「香港電視」所開拍的《選戰》正是在此時空背景下催生的故事，劇中飾演建制派領頭人的，正是執筆之時傳出死訊的廖啟智。

但智叔給我們留下最經典的台詞又是甚麼。

---

15 「或許功利一點講，可能47人現在被捕，但他朝一日他們會有光環。那麼Suck Channel的版主呢？25條罪坐25輩子也未必夠；12港人呢？可能會有光環，但他們在海上被抓了去中國，這種超級恐懼就算給你一個光環，也不是人人肯作交換；還有灣仔爆炸品案呢，2019年7月香港民族陣線那個呢，量刑起點十幾年。」

一如以往，最後的三問都是對十年後各種未來的想像，趁著還能想像，還會想像。他說自己想做一個「更加有錢嘅人」。

「你仲唔夠咩……」筆者馬上笑問。

他搖搖頭說遠遠唔夠，指反送中期間有許多中學生因被捕沒法子完成學業，又會因有案底，可能連服務業都無人願聘。「我想搞一盤生意請返呢啲人，幫返呢啲真真正正為香港付出過流過血嘅人，即使盤生意要蝕錢，我都希望有能力撐落去。」[16]他更希望在十年間可以多聽聽不同持份者的聲音，想聽聽不同人的意見，無論是本土、泛民、建制，甚至共產黨，但同時寄語自己「絕不能出賣身邊嘅人」。

對於浸大，他衝口而出「仆街囉呢間嘢」，然後又陷入一段沉思。

「十年之後浸大應該會同中國一間野雞大學無分別。」他說當香港所有大

16　「我想搞一盤生意請這些人，幫這些真真正正為香港付出過流過血的人，即使生意要虧錢，我都希望有能力撐下去。」

學都視之為一般生意，以學店形式經營，只重排名時，長遠只會淪為予中國人「洗底刷CV」的一個地方，而這是眼前八大都無法避免的事。

而同樣與八大命運聯動的，是學生會的榮辱與共。「即使有莊同無莊都一樣，都係同臨政無分別」，即使學生會內閣經民選產生，在國安法下都不可能舉辦集會，甚或遊行示威，只能充其量作為福利莊「韜光養晦」。但他仍相信浸大在部分議題上，和校方仍然「有得傾（有溝通）」，亦必須要「有得傾」，因為學生會的角色仍是學生和校方溝通的橋樑，若然無法合作，只會是學生福祉受衝擊。

「不過香港十年後應該幾美好，好多人出冊。」

笑中帶淚的黑色幽默，是笑不出的未來。47人中多少人十年後或未見藍天，當中又多少是空室內二人的摯友。「但就算出哂冊，倉底見完煲底見，個班人返咗嚟之後都唔代表公民反抗力量就會翻翻嚟，其實只會更加沉，坐十年咩火都無哂啦。」[17]

---

17 「但即使他們出獄了，倉底見完煲底見，他們回來之後也不代表公民的反抗力量就會回來，其實只會更沉寂，坐十年牢，甚麼熱誠也沒了。」

但他仍然相信在未來，可能不是十年，香港應會有下一次覺醒的來臨。「極權打壓係嚟得好快，『凳登，done咗』。但極權都係人，之後都會鬆懈，到時就會係下一次民主思潮嘅來臨」。但方仲賢亦承認，以2021的香港去類比2031年香港，甚或更遙遠的香港根本不可能，始終今日不知明日事，我們無法說服自己能看到光明的香港，「光咗的香港」……

「但我會祈禱下一代嘅香港人，仲能夠見到上一代所做過嘅事。」

然後開始屬於他們，青春的一場修煉。

PS：方仲賢開波子的。[18]

[18] 波子：保時捷。

後記

再動筆時，那天早上方仲賢剛正式還押，藏有攻擊性武器沒有入罪，反而拒捕入罪，還有一條妨礙司法公正，最高刑期七年。當應對警員冷靜也是罪，這年來經歷過的判辭只有更荒謬，好像要關心的是刑期而非裁定，能脫罪是開中圍骰，剛好1賠36方仲賢買不中。

裁定前一晚私下發訊著他交代「遺言」，回來一句「我愛大家」，還有「話我愛 eason 會唔會有人報」。在陳奕迅已被唾棄的年代，依然堅信不移情比金堅，十分方仲賢。回想專訪中重提他台灣的言論，事隔多時依然「毫無悔意」，在人云亦云的新時代，這種無視世俗眼光敢諫敢言，有著丁點孤寡，但自由。

一如訪中有言充滿負能量。滿腔熱血或者過分理想，有時途中更需要一盤冷水照頭澆，質疑自己，思慮自己，認清自己，三省吾身。方仲賢所提出的種種「反思」，恰如是對「未知」的恐懼，尤其在經歷不同的生離之後。專訪中重提他第一次應訊時，在庭外侃侃如也的「唔好比我更加難過」，其實之前（還是之後，太長時間記已消）還有一句「流亡比起坐監或留喺香港更加難受，因為係靈魂同肉體永遠捨割，佢哋可能永遠返唔到成長嘅地方。」

生離和死別的最大分異，是後者尚待我們將定局接受，但前者是懸而未決的進行式。兩字可能所承載的，就是未知的恐懼，所以回到方仲賢的反思，其實是一種對失敗的直視。只有失敗，才會讓我們有更多的想像，有更多的可能，或者，從而有更多的恐懼。

此專訪還有幾點想記下，撰寫時筆者身處台灣的隔離酒店，寫到岑敖暉的附註時，想起的是塘尾道太子道西交界的安全島，那處有一個交通標誌，多少次回公司路過時，都會想岑敖暉的專訪封面相片，就著他站在前面留影，而那個標誌的意思，是「不得掉頭」。我們都走在一條看似雙向的路上，直到有一刻，才發現已經不能回頭。

還有標題的「青春一場修煉」，其實出自《香港電台》探討學生會的一集鏗鏘集，但節目最終無緣觀眾臨時被抽起，之後再無香港人的鏗鏘集。

#開站師 2021/06/24

袁德智

絕望和希望
都是
想像而來

這是令人絕望的年代。

香港正如一局「狼人殺」，天黑後總有人事物從身邊消失。兩年前一條呼籲反送中的五分鐘短片，次日號召出百萬共同齊聚街頭，抗爭熱度瞬間走向高潮，轉眼間炎夏再次走到第二個炎夏，跌蕩撼撞後換來的一紙國安法，無形低氣壓籠罩香港。這邊廂片中者如黃子悅、岑敖暉、鍾翰林因國安法淪階下囚，不同的失去自由帶來恐懼；那邊廂同片尚有周永康、劉康、陳家駒流亡他鄉，尋求免於恐懼的自由。

這局「狼人殺」天亮了，又少了幾個夥伴。但片中仍有人站出來主持討論，在曾經走過的街頭，幾支旗幟，幾張直幡，幾疊傳單。不再是政治組織的掛羊頭，不再有「入錢入錢」的賣狗肉，只為開站而開站。

在這夜倖存的是袁德智（Jerry），他的職業是「開站師」。

在一局狼人殺中，表明職業是十分危險的事，通常只會招致殺身之禍，所以開站師這檔事，Jerry 身邊多不敢恭維，份屬兄弟的方仲賢直說「太衝動，中硬國安法」。Jerry 直認不諱，「民主運動嘅參與，向來都係衝動㗎喇」，一句理直氣壯地為自己開脫。

「可能真係有衝動，有一兩下 trigger（觸發）咗我」，trigger 的是投身民主運動的一位又一位衝動者，如今都因衝動而身陷囹圄。Jerry 十分重情，專訪時他一口氣就先說了四十五分鐘，盡是勉懷和朋友點點滴滴：說和梁晃維午膳時收到提早報到通知，說送鄒家成在警署外最後一程，說那天兩點後收到王百羽的最後短訊，都是他們失去自由前的一點一滴。

「我以前只係食 Social Smoke，但 Sam（張可森）高院唔批保釋個下，我買咗包煙一隊隊咗半包，之後就開始有煙癮」[1]。35人的淪落對大眾而言，只是公民社會一下子消失了十數位政治領袖，對社運圈子卻是「實實在在認識嘅人面對苦難」。

卻在苦難之中的絲毫沒有應有的表現，左一句「無需懷憂喪志」，右一篇

1 「我以前只抽社交煙，但在張可森不被高等法院保釋時，我買了包煙一口氣抽了一半，之後就開始有煙癮。」

又一篇的長文，不斷勉勵牆外倖存者繼續遊戲。「當佢哋都咁，外面嘅人無理由去逃避」，Jerry 經常將「重聚」一詞掛在口邊，說不能再迷茫，說再甚麼都不做就再也見不到朋友，說穿了重情和怕孤獨只有一線之差，就是孤獨感驅使的衝動。

Jerry 提起自己曾拜訪台灣已故革命家史明，問及在和如今香港相去不遠的台灣白色恐怖中，何以能夠緊守堅持時，獲四字箴言「習慣孤獨」。「我依家感受好深，原來民主運動一定有迷茫、有恐懼、有孤獨，所以要學識點習慣同共存，而唔係屈服。」

故開站師的出現，就是要習慣這種孤獨，甚至克服。開站師的初出茅廬，其實並非「國安教育」，更非悼念六四，而是普通不過的替囚徒收信。那日短短兩小時的開站匯集過百封手文之筆，令 Jerry 確信在不能再舉辦遊行集會下，街站就是那個凝聚群眾的方法，就是那個讓群眾互相看見的方法。

何秀蘭在下獄前於庭外高舉《台灣最好的時刻》一書，Jerry 說書中所述經歷正是開站師的啟蒙——反對派所作的單純是「被大眾看見，和大眾互動」，因為「喺政治被互相看見嘅過程當中，同時亦互相 empower（激勵）大家。」

但在 empower 人之前，或者開站師首先是袁德智對自己的 empower。專訪前也曾探問和 Jerry 生死之交的張崑陽，他形容「開站師係 Jerry 嘅自我救贖」，方仲賢則說「（Jerry）覺得自己係時候做翻啲嘢」。

其實 Jerry 曾經走得很前：文首的反送中短片 Jerry 亦有登場，甚至再回溯好幾年前，中大十數年來第一次「撼莊」[2]，那支象徵本土思潮興起的勝選莊「星火」，Jerry 更是被邀請入閣成為其中一員，卻沒多少香港人曾對袁德智的名字留下印象。

「無辦法，人就係會有意志消沉嘅時候」，這種時候對 Jerry 是世上偶遇也是重遇。一四年傘運是政治啟蒙以來第一次大型群眾抗爭，卻還未接受公開試洗禮的 Jerry，有感中學生所為不如大學生大，一次被馮敬恩勸說「讀多啲書」後就此收心苦讀。但到成為想像中的大人，世界卻不如想像中。

2 撼莊：同一屆學生會有兩個候選內閣競選。

想像之中對傘運有諸多批判，想像之中傘運是一場思想革命，想像之中是本土派冒起的唯一機會，但要扮偉大卻又未如我想像那樣。時為公民社會第一次一沉百踩，本土派曾在議會的被各方封殺，本土派曾在街頭的從容負刑，恰如今日種種的預演，是最需要展現「不能被磨滅嘅抗爭意志」時，當時 Jerry 的意志卻也跟著一沉百踩。

但那次意志消沉後，**Jerry** 遇上了「人生的重新點燃」，意外地被中大政政[3]錄取，彌補他入大學時差一分的遺憾。「喺中大政政走過嘅呢一年，發現到自己對政治學嗰種熱情同喜愛，而唔喺單純嗰種因為參與政治而想讀政治嘅想法」，這是他一年學成後，在自己社交媒體上的短感。幾經波折終於找到心中追求，**Jerry** 立志要珍惜機會，故眼見當時本土派在論述上極度缺乏後，眼前也只有幾本「聖經」，他立志要填補本土派此方面的缺少，更曾赴台親自向吳叡人請師。

「其實你覺唔覺自己根本就係一個行動者，論述、讀書都只係逃避」。由傘運、中大學生會、中大反送中關注組，旁聽其歷練良久筆者不禁思索。**Jerry** 語頓頃刻，認同自己徹頭徹尾就是一個行動者，所以才會有如今的開站師。「只

3 中大政政：香港中文大學政治與行政學系。

係以前太多包袱，會質疑自己好多嘢」。

「我會覺得自己唔適合做本土派嘅政治領袖，係鏡頭前係威係勢，天花亂墜，但背後好似個人分裂咗」。他說過去的自己一直都在找平衡，「想咩都留有一手，做學者喺香港都會搵到食啊」，在政治同生活之間取得兼顧。因為他知道自己不夠堅定，容易失去自信，「一遇到低潮會 die down 會放棄，唔可能 keep 住長期咁帶畀人希望感染他人」。[4]

所以開站師對 Jerry 是又一次彌補，強逼性的彌補，彌補以前意志消沉時的遺憾，彌補以前「做得唔夠，遠遠都唔夠」的遺憾。當所有曾經香港的政治領袖或流亡或囚牢，紛紛社會性死亡，不能夠再對本土政治有甚大參與，Jerry 認同自己是作為第二排被逼上前「補位」。「但既然做就唔可以再有退縮嘅時刻，如果我再縮，我仲對唔對得住自己，對唔對得住戰友，又對唔對得住本土？」[5]

「我依家可以好有希望咁 empower 人，係因為我經歷過，知道係咩感覺。」

---

4 「我會覺得自己不適合當本土派政治領袖，在鏡頭前威風八面天花亂墜，但背後就像分裂一樣。」他說過去的自己一直都在找平衡，「想甚麼都留有一手，在香港做學者也能糊口。」，在政治同生活之間取得兼顧。因為他知道自己不夠堅定，容易失去自信，「一遇到低潮就會變弱會放棄，不可能維持長期用希望感染他人。」。

5 「但既然做就不可以再有退縮的時刻，如果我再退縮，我還對得起自己，對得起戰友，對得起本土嗎？」

因此每每開站師的街站，無論大聲公傳出的每一句，或是傳單上的每一字，帶出的都是面對如今所需的心態。「以前做唔夠咪依家做翻夠本，呢啲嘢係可以補翻」[6]，Jerry 認為在2021年的香港，心態十分重要，遠勝一切論述，遠勝他視為志向的目標。

香港現時需要的抗爭模式，不再是由論述主導，過去亦不是由論述主導。他說香港需要的是「議題式抗爭」，就好像過去香港每一次大型抗爭，都是由一個個議題帶起：皇后碼頭、國民教育、政改白皮書，再到那呼風喚雨的逃犯條例；但亦非每次都能如願引來關注，東北收地、一地兩檢等大眾不聞不睬的證明比比皆是。

「未來香港係需要不斷去搵一個議題，去試可唔可以突破黑暗窗口，爬出去搵民主運動嘅希望」[7]。所以作為本土派，Jerry 罕有地主動提起當年杯葛的六四，因為對他而言根本對六四一事毫不在乎，他最在乎的是香港人有否把握每一個政治議題，以此嘗試推動香港的民主。或許看似唯利是圖，Jerry 卻指這正是本土派進步的一面，形容「本土派應該係最可以跟著個浪潮走，而非好 Stubborn（固執），我哋以往憎泛民就係呢樣咋嘛，一定要和理非。」

6 「以前做不夠那就現在做回，這些事情是可以彌補的。」

7 「未來香港需要不斷去找一個議題，去試可不可以突破黑暗窗口，爬出去找到民主運動的希望。」

「本土派當時一出嚟係一個好進步嘅主張，係一個好進步嘅心態」。但他坦言自己在開站師誕生前，曾經探問過幾十人的意向，最後發現在後國安法年代，仍願意投身政治的少之又少，「就算企出嚟做又唔係自己想見到嘅效果」，並非 Jerry 不斷強調的香港人心態上的武裝。

然則開站師和「大台」的距離就好像越來越近，Jerry 即截鐵否認，指開站師一方面沒有相當的號召力，另一方面亦從無規限大眾前進的方向，反之僅是鼓動大眾前進。他說當初組織開創時，曾想過單純只叫「開站」，但最後加上一個「師」字，是希望藉此令香港人反思，究竟在甚麼範疇可以發揮所長，而「師」前的兩字正是屬於自己的崗位，一個自己能心安地貢獻香港的位置。

「而我就係願意承擔政治風險企出嚟。」[8]

那打算站出來多久？縱然 Jerry 表示自己已經步步為營，盡量避開國安法的紅線，他仍評估開站師在距離打壓來臨前，最多也只能多捱一至兩年。

---

8 「而我就是願意承擔政治風險站出來。」

「但唔緊要㗎，袁德智只係啲理念嘅載體，係邊個係咪我根本唔重要，理念係唔會死，點都會有人幫我承傳落去，點都會有第三四五六排嘅人補位，就好似我依家第二排補位咁。」[9]

所以 Jerry 著緊的只是在那日來臨之前，能不能把握每一次和不同人政治交流的機會，傳達自己心中的理念，面對國安法的心態。因為他確信十年內的香港會有另一場社會運動，比反送中更劇烈的社會運動，且對香港有更實質的影響，「依家香港人無方向係好正常，但香港人好有耐性，時機一到大家就知要做咩」[10]。

有了道路，也有約定，只要再加上些少運氣，一定會再相聚。

回望那時連他自己也意志消沉的社運低潮，他認為當時香港人只是回到各自修行，當等到一個時機，就將對不公義的所有不滿通通宣洩。而 Jerry 更期望時機來臨時，自己能有更堅定的抗爭意志，可以更有「盡做」的心態，走得比現在更前。

---

9 「但沒有所謂，袁德智只是理念的載體，是誰根本不重要，理念不會死，無論怎樣都會有人幫我承傳下去，怎樣都會有第三四五六排的人補位，就像我現在在第二排補位這樣。」

10 「現在香港人沒有方向是很正常的，但香港人很有耐性，時機一到大家就知道要做甚麼。」

「不過十年後，我可能先坐完監番出嚟」。

「如果我真係搞落去，真係有機會坐監」。整個專訪 Jerry 都一直滔滔不絕，但說到未來時，他終於停下來，一時間靜默沒有回話，想了好一會。

那風險可換來甚麼價值？我問，方仲賢也問，每一個人都問，冒著國安法的風險，以十年作賭注，究竟想但求甚麼。Jerry 拋起書包來，說到在中大政政的兩年修讀間，學之所成中最大得著為明白 Ontological（存在論）。

退後一萬步來說，要定義一樣存在有何價值，首先就得要有存在的出現。何況從來沒有事物生而無值，所謂的價值與否都只是相對的概念。就好比香港這一場狼人殺，就算已經只餘下平民和狼人，再無其他職業，但平民的存在本來就是價值。

而正是我們現在處於無可替代的日子當中，處於無法重來的日子當中，因此也同樣的耀眼。亦就是面臨絕境，平民才因而變得比以往更具價值，變得更加耀眼。

Jerry 認同開站師是衝動而生，但並不代表整件事就是情感主導，就沒有理智，「一樣會有好完整嘅 mindset，一樣會有理性嘅思考」。他類比當年夏秋百萬多人走上街頭，每每都同樣冒著不同風險，但當中依然有其理性，「因為企出嚟已經 fulfill 到嗰價值，有佢嘅效果係當中」。並非為甚麼價值而去做，才去承受風險，而是本身就是一種價值，種種風險就是種種加值。

「我想喺自我救贖當中，拯救個種想離開，同已離開嘅人，覺得香港好絕望，覺得香港無藥可救嘅心態」[11]，就如同他所說的相互 empower 大家，相互成為一個循環。所以對 Jerry 來說，現在開站師的每一字一詞一句一段，都是他的自我救贖額外的加值。

Jerry 提起當日面對方仲賢的種種質疑時，他同樣一時靜默沒有回話，但如今他覺得無論衝動與否，還是不後悔最重要。何桂藍在一去十年前，最後的自由曾留下一言「比起平安，我更希望尋求的是心安，而兩者有時相反。祝願

11 「我想在自我救贖當中，拯救那些想離開，跟已離開的人，覺得香港好絕望，覺得香港無藥可救的心態。」

各位，能夠覓得心安之途，然後，一往無前」。

Jerry說自己現時的心態就是不求平安，只求心安，所以「我依家唔做，嗰種遺憾應該會比中國安法嘅後悔嚟得更重」[12]。因為對他來說，現在的遺憾是感受得到，但國安法的恐懼只是想像得到的。

「一個人好難唔想像恐懼，但恐懼、絕望、希望都係想像出嚟。」[13]

這局狼人殺又天黑了。

後記

這篇專訪是筆者離港後所寫的第一篇，諷刺地由一位已離港的訪問一名堅持留港的人。

12 「我現在不做，那種遺憾應該會比犯國安法的後悔來得更重。」

13 「一個人很難不想像恐懼，但恐懼、絕望、希望都是想像出來。」

一紙國安法通過後是移民潮的興起，湧現的棄 game 潮下，是大量傳媒的「移民攻略」。作為風雨飄零中誕生的媒體，《加山》在恐懼之中出現，但那時那刻的香港人面對恐懼，選擇是勇於走上街頭，堅持克服恐懼的自由，所以一日未完場，逆轉勝總有機會。有些價值我肯定《加山》有一直堅守，縱使時代驅使著你我流落四方，亦訪問過不少流落四方，但絕不宣揚離開的想法，不支持免於恐懼的自由，這是《加山》以香港為本，以孕地為土的責任。

文中末段多次摻進不自然的句子，那些都是日劇《追憶潸然》的經典台詞，又名《想起這段戀愛時定會哭泣》。我們對香港都有非一般的愛，不是因為他真係好靚，不是因為他好可愛，我們對香港的愛不問原因。而正因我們的愛不問理由，才更加耀眼，才更令人動容。

「我有時會想，這個世界到底是美好的，還是可怕的呢？我想大概是夾雜在一起的吧。所以，美好的事物需要尋找才能發現。」

這是劇中最後數幕的台詞，這一幕的畫面，是太陽緩緩升起的黎明來到。黑暗後的黎明。

所以，希望也是需要尋找才能發現。

這是令人絕望的時刻。但絕望是相對的，這也是予人希望的片刻。

241　Hidden Track：ytQ3Hs3WjQ4

#國際遊說 2021/08/17

張崑陽

光復香港的限期只餘兩代

曾聽人說過：「人的一生，是由五個部分所構成——青春、愛、離別、旅途、餘生。」

那天是夏至，年中日照最長的一日。卻是一間幽暗得不過的小房間，坐著名字充滿朝氣的一人，話裡不時帶著無奈的 Anyways，和偶爾欲言又止的靜寂，說著屬於他的人生。

說著，屬於他的青春、愛、離別、旅途，還有餘生。

他是 Sunny，張崑陽。

崑陽說已快有一年不曾如此面對面的促膝，說對上一次能如此細味、如此度勢、如此坦率地面對自己，已是袖長曖昧的去年（2020年）八月。

那是一場稱不上會議的聚會，發生在周庭、黎智英等被國安拘捕之後，如坐針氈的他找來各方好友，說好是要商討形勢，但與會的無不覺得不容樂觀，於是少不免地開始討論「人生重要的命題」——離別。

那一次聚會，離開香港第一次成為張崑陽人生的選項。

「你留喺度無用喎」、「你嘅價值係要走」、「你留係到但坐監夠人啦喎」[1]。有與會者私下說，認識張崑陽多年，第一次見他哭得如此歇斯底里；張崑陽說，那是他走上政治以來，第一次聲淚俱下於人前。

「唔走，邊個想走啊」，他說當日自己的一字一句，大概與今日堅持留港的人如出一轍，卻被其他與會者狠狠指責「自私」、「唔係從大局出發」。會上有人分析運動講求紀律，所以當每人均自視為工具，套用到自身能發揮最大價值的地方，才能成就一場運動的成功。整個聚會有如今日社交網絡上，隔空的去留論戰提前預演，唯一的差別在「當日講呢番話嘅人，最後都通通留喺香港」。

張崑陽說也不知朋友是否出於好意，不願見到身邊人一去十年，才擠出

1 「你留在這沒有用啦」、「你的價值是要離開」、「你留在這但坐牢的人夠了啦」。

「聽落好歐文傑」的惡意，但他直到今日，直到已離開近一年，仍不能接受朋友口中的「運動分工論」。「大家都明，Big Picture（顧全大局）嘛，but come on（但屌喇）！我相信一個人有少少良知，有情緒就唔會接受。無論係既得利益者定受害者，都唔會理所當然就咁接受。」

張崑陽回憶自己那晚曾在中大靜靜地融入人群中、那夙在理大外曾默默地在行人路蹲下，朔夜之中黑影之下，在場者都一如共同體，命運連動，榮辱與共，所有人都平等地一視同仁，但偏偏分工論就好比將運動中芸芸眾生分階級。

「我唔係話分工論錯，但分工論個階級真係要解決，呢個真係運動撕裂，催生好多情緒嘅出發。」[2]這無形中流落的階級，是張崑陽覺得急切需要被理解、再疏理、後克服的障礙，因為這障礙一日懸而未決，那年間琅琅上口的『和勇不分』、『齊上齊落』，就只會繼續不斷貶值，淪為廉價之物。

「有時我都會問自己憑咩呢？點解有啲人要坐監？點解我唔使坐？點解唔係大家一齊去承受？」[3]所以情感上張崑陽希望留下贖罪，希望能夠再多做一

2 「我不是說分工論是錯的，但分工論的階級問題真的需要解決，這個真是運動撕裂，會催生很多情緒的出發。」

3 「有時我也會問自己憑甚麼呢？為甚麼有些人要坐牢？為甚麼我不用坐？為甚麼不是大家一起去承受？」

些甚麼，就如每個堅持留港的堅持，有用之驅留在香港用。他說，公民社會未完，公民社會尚有許多事能做，公民社會要有人帶頭做……但會上無人認同。左一句「你想做啲咩，我哋幫你做啦」、右一句「坐十年廿年喎，送中喎」，硬是逼張崑陽好好坦承，面對自己不能接受「送中」的軟弱，將心中盤算的每事當作後事托盤而出，警告「真係到無得唔走嘅話得一日知㗎咋」[4]。

而這一日也沒讓張崑陽等太久。

要來的總要來，一步出家門就有兩人坐在樓下等著。張崑陽說自從初選結束後，有好一段時間再無「追求者」的煩擾，所以一切得更加突兀。急停轉向，走入商鋪，一個正常人能想到的反跟蹤術他都使出，幾經辛苦終於撇下一人，但「轉角遇到愛」，馬上就有另一人從第二處補上，「每個點都有人等緊我，好似要慎防跟甩自己。」[5]

「即時買機票」，他一連四次說了同一句，但語氣平靜如覆述日常，覆述最危急關頭下僅有的最後平靜——折返家中，從衣櫃抽出所需的衣物，書櫃中也抽走三本書，剎那閃過帶走《香港民族論》的念頭，想到海關檢查還是擱在

4 「真的到了非走不可的情況時，也只是一日之內的事。」

5 「每個點也有人在等我，好像要慎防跟丟自己。」

一邊。留下紙條輕輕向家人交代，輕得連離開也未有說明白，深怕連累故僅書一行「有啲事」[6]。

被時代拆散，才道別那樣難，家中無人，能道別的只有老貓，在最後四周回望前，輕輕蹲下一擁。

「都唔知幾時再見，17歲，其實應該都見唔到。」[7]再見偏說到紅眼。

為免夜長夢多，馬上搭的士直奔機場。遠處的瑪嘉烈醫院、左邊的貨櫃碼頭，奔馳的駛到青馬大橋時，愣神地看著車窗倒映的他終於意識到，窗外的一幕一幕是將成為回憶中的幕幕，才拿出手機拍下最後的香港。由早上十一點被跟蹤，一點決定要離開，直到飛機離開香港，飛出香港管轄範圍，結束七小時多的驚魂，定下來的張崑陽才想到「朝頭早都仲諗住捱得一日得一日，但無端端一個轉折就走咗」[8]。

---

6 「有些事。」

7 「也不知道甚麼時候再見，17歲，其實應該都不能見。」

8 「早上還想著能捱得一日就一日，但忽然一個轉折就離開了。」

「如果一早知，有多一兩日，應該會做多啲嘢。」[9]可能是重返母校走一趟，可能是一登獅子山，但張崑陽說那些離別前的心願，在五月時早已完了好一些。

五月底從北京以來的一個消息，在民主派初選的最後半個月，最後一里路上。國安法的橫空而生，整個社會頓時如無形的六月飛霜，彌漫著不寒而慄的徬徨，殺所有人一個措手不及之餘，卻彷如讓香港的時間變慢不少，彷彿度日如年，彷似每個人都在日常以外，盡力讓時間慢下來，盡力緬懷最後的自由港。張崑陽說自己很喜歡維港，所以搭天星小輪、到太平山頂、上凌霄閣，「嗰時心態係望多一眼得一眼，完全唔知半個月後，聽日發生咩事。」所以張崑陽一直盡力將時間拖長，國安法通過的六月三十日晚，他說自己跑到酒店度過，因為屆時早上警員到家中發現人不在，自己就能多偷十數小時去完最後心願，和一些人好好道別。

「同埋唔想佢為我屋企帶來震蕩，影響到屋企人，同埋我隻貓。」

那時，離別還不在張崑陽的人生構成上，那時是民主派初選的最後半個

9　「如果早知道，有多一兩天，應該會做多一點事。」

月，最後一里路。

「其實嗰時唔係唔驚㗎……」他說那時仍堅持初選，是因為「成個社會都一齊驚」。

張崑陽說整場選舉中，他都不曾覺得有選舉的氣氛，也就不曾覺得自己是一個政治人物，「話就話係初選，話就話有唔同候選人有競爭，其實大家都係 sell（宣揚）緊啲訊息，而唔係個人」[10]，但到國安法傳出的當下，街站派發的國安法單張一瞬間派清光，就如每個人都相信他在街角大聲公中的頻率：「一年前拉倒逃犯條例，一年後拉倒國安惡法」，他忽然意識到自己已有不可旁貸的責任，因為群眾會期待，會想由政治人物的行動之中感受到希望。

他回想那時將競選口號由「自由之戰」改為「以行動戰勝恐懼」，正是希望提出更實際的概念，希望公民社會不要恐懼，希望公民社會不要放棄，「要同世界講過咗國安法㗎啦，但我哋唔撚驚，越多人出嚟，就係用人數去展示公民社會仍然堅持。」[11]一說到那時街頭的每一言，張崑陽不自覺地眉飛色舞手舞足蹈，腔調如天生就是一個政治人物一樣。

10 「雖然說是初選，雖然說是有不同候選人競爭，但其實大家都是在宣揚訊息，而不是宣傳個人。」

11 「要跟世界說國安法已經通過了啦，但我們他媽不怕，越多人出來，就是用人數去展示公民社會仍然堅持。」

但儘管笑言當下即使是人生中最覺得自己是政治人物的時刻，張崑陽亦不諱言自己著實沒有無限的勇氣，「七月頭好多訪問都問我係咪會走，個時我都會話我真係唔知，我自己都判斷唔到我所承受到嘅嘢有幾多」[12]，但偏偏就在那一刻，他覺得無論如何都要死撐。

「如果七一我哋係頭個批（被控國安法），咁都無計，我哋預咗。」[13]

張崑陽於政治圈外的好友形容，他對生命從來豁達，朋輩間他曾有名言：知道自己存活的意義，嘗試活得更似一個人，應該可以比較從容地面對死亡。問他當下堅持初選不離港，是否已找到存活的意義，他搖著頭說能參與見證一場和極權對抗的運動，無論崗位如何都不會去質疑人生意義，他倒是更掙扎於後來，自己的角色為何被定性，自己為何就是要走的那一個。

「當然我唔係將個責任推畀個大環境，始終機票都係我買，（離開）個決定最後我自己做。」

12 「七月初很多訪問都問我是不是會走，那時我也會該說我真是不知道，我自己都判斷不了我所承受的事情有幾多。」

13 「如果七一我們是最初那批人（被控國安法），那也沒有辦法，我們有準備了。」

那張崑陽的角色究竟是甚麼？

先入為主的念頭，或是隨便走到街上問，「國際線」的答案十居八九。卻卻在政治圈中的，卻多少也知道他是會高喊「香港獨立」的人，甚至張崑陽第一次對筆者自我介紹，劈頭第一句就是「我係浸大第一支本土莊嘅。」

但本土和國際應如有著看得見的隔閡，隔閡的本身正是本土二字。張崑陽卻認為本土派和國際線不僅毫無衝突，反之本土派應該繼續鼓勵打國際線。他覺得以前的本土派有一段時間視野過於狹隘，「將本土定性做留喺到只係籠中鳥，應該要立足本土，面向世界嘛！」

那種韓國瑜的既視感——「立足台灣、胸懷大陸、放眼世界、征服宇宙」油然而生，不同的是韓國瑜希望將台灣推向國際，張崑陽認為香港本土就包含國際。

「大家成日講『光復香港』，想香港好似以前咁。咁以前香港會點，係啲咩呢？難道香港以前係法西斯地方？」[14] 那些年的本土派，經常因一句民族自

14 「大家成日講『光復香港』，想香港好像以前那樣。那以前香港是怎樣，是甚麼呢？難道香港以前是法西斯地方？」

決而被口誅筆伐，他說在本土思潮冒起的初期，不少志同道合亦會在讀書會上就「本土」思想多番爭論，但肯定的結論是香港是富有國際性，「有國際面向，特殊地位，咁先係過去香港。」[15]

張崑陽提出在上世紀的冷戰時期，香港所擔當的角色已相當國際化。各地社會的移民精英無論走難，或為追求自由的空氣，甚或追求向上的流動，都起碼會因認同香港的價值是自由，而選擇於香港落地生根，將香港鑄成一個文化大熔爐。

「本土本質上無可能係極端排外情緒，香港從來都容許移民嘅存在，只係一定價值信仰要同共同體脗合。」[16]

而正是抱著這種思想信條，堅信公民民族主義，大愛所有愛香港的人，曾經在「民族自決vs民主自決」之爭中為本土派力陳香港眾志的張崑陽，在初選之中選擇拋下成見和眾志合作。對此決定抱有質疑者不在少數，指責張崑陽「世界仔」投機主義、背棄本土的不在少數，「Sun泛民」、「Sun政棍」的謾罵更不絕於耳。張崑陽有口難言，因為他的而且確正在操控政治。

15 「有國際面向，特殊地位，這樣才是過去的香港。」

16 「本土本質上沒有可能是極端排外情緒，香港從來也容許移民的存在，只是一定價值信仰要跟共同體脗合。」

張崑陽認為過去的本土每每畫地為廬自我孤立，「有齊論述支持，但唔識操控政治」，而正正因為過去的本土太不政治，流於論述卻又只重於論述。在論述戰中取勝固然重要，真正做到以理服人才是君子之爭，但理想和現實的差距就是政治的寫照，任憑在論述戰中如何大殺四方，終究只是意氣之爭。

而在一年間天地無用後，「本土派」的概念是否仍真實存在，更難免要成本土中人思考的問題。張崑陽認為任何概念在一個時代中都有其生命史，當中自有獨特機遇和局限，在傘運之後誕生的本土派亦同樣有其時空背景及脈絡。一年前初選時，張可森打出「讓本土成為主流」，「派」一字不再出現，回想起來張崑陽指此部署再明智不過。

因為時代在進化，人也在進步，多少以前被標籤「左膠」者，今日「香港獨立」私下常掛口邊，他覺得縱然本土派一詞仍存在，也必須要認清一九年後的本土派，已不再是一五年時的本土派，因為一五年的本土派只是少數，但一九年的本土已成主流，「如果仲用一五年嘅觀念，究竟你係想為本土服務，做大個餅，定係私怨撚。一定要根正苗紅先叫本土派，咁只係排外嘅本土派。本土作為一個政治標籤，就應該要 inclusive 而非 exclusive。（廣泛而非獨佔）」[17]

「政治就係要爭取越多人支持，做大個餅嘛！」他說往往喜歡尋找和自己理念全然相同，乃屬人的天性無可厚非，但若要宣揚個理念，使之成為主流，則必然要擴展版圖及影響力，「咁你就要向90%，80%嘅人埋手，將佢哋吸納過嚟，先係真正做大個餅。」所以張崑陽選擇和眾志合組聯盟，是看上大家都著重的範疇，可以合作的領域。

「我同眾志合作有無 compromise 過啲咩？我都係支持民族自決，支持香港獨立。掉返轉我係想 amplify 一啲嘢，傾可唔可以 emphasize 一啲嘢。」[18] 張崑陽直言正是本土的精神是公民民族主義，所以任何人只要相信本土理念，希望達到彼岸已足夠被視為摶成之群。

因為尋根追源，大家的價值信仰都和共同體胳合，大家都同熱愛這片土地，對自由刻骨銘記。

---

17 「如果還用一五年的觀念，究竟你是想為本土服務，把餅做大，還是執著私怨。一定要根正苗紅才叫本土派，那只是排外的本土派。本土作為一個政治標籤，就應該要廣泛而非獨佔。」

18 「我跟眾志合作有沒有妥協了些甚麼？我也是支持民族自決，支持香港獨立。反過來說，我是想放大一些事情，談論可不可以強調一些事情。」

因為尋根追源，大家的價值信仰都和一契機脗合。大家之所以成為脗合的共同體，都出於愛香港的契機。

如今在社運中的表表者，多於一二年那鐵屋中的吶喊成長。那一年反國教的成功，令這群出於不同政治啟蒙的青春，勇於守護教科書上香港的青春，明白「原來抗爭是這樣一回事」，張崑陽笑著舉起當年青春的經典交叉手勢說，「一二年畀九〇後感受到原來人民嘅力量係會令政權讓步，原來抗爭係爭取到嘢，明白到政權係 of the people, by the people, for the people」。[19]

無疑那年的成功為一族熱愛香港的青春打下強心針，更重要是讓大家可以彼此看見，知道自己並不孤單。乘著政治熾熱氣氛，之後持續投身社運或修讀政治的不在少數，但張崑陽覺得如果一二年最終以失敗告終，說不定本土的概念會提早出現。

本土派的激發源於雨傘失敗，更精準是運動中段停濟而衍生對大台的不滿，那條在夏慤道力陳大台的短片可說是最好的證明。許多人對張崑陽的認知就停留在國際線，於是理所當然認為應是站得無限向後的一員，但許多人都不

19 「一二年給九〇後感受到原來人民嘅力量係會令政權讓步，原來抗爭是爭取到些事，明白到政權是 of the people, by the people, for the people。」

知道的，他也不甚提及的，是一四年那天在夏愨道指揮著眾人推動鐵馬的，當中已經有他的身影。

那年的金鐘相對一片太平盛世溫馨滿載，但那年四公里的距離外，其實那年青春的張崑陽不知在銅鑼灣的街頭上睡過多少日夜，親身經歷過黑社會持刀「踩場」的一幕，親身體驗無警時分的無助挫敗，親身明白港人自救的需要，故在銅鑼灣留守至最後一刻的張崑陽，決心在傘運結束後為青春作總結，上莊搞學運，成為香港本土思潮中的首批本土莊。

但當年的本土派人人喊打，批鬥鄙視封殺樣樣齊，一場旺角街頭深夜的勇武引來各界割蓆，一個杯葛支聯會六四的決定引來口誅筆伐。張崑陽回想說上莊的一年，是他青春路投政以來上，細數不清的記憶裡最大的遺憾。「如果當時叻啲嘅話，可以唔使咁多對立，可以海納百川將人哋嘅論述套落自己到。」[20]

如今事過境遷，勇武抗爭已成學，民主中國則成終極幻想（FF），如今知道大家初心一同，價值信仰脗合，如今印證本土派的理論論述從來毫無違和，

20 「如果當時厲害一點，可以不用這麼多對立，可以海納百川把別人的論述套自己身

但也就令張崑陽，對當時青春的「唔夠叻」加倍自怨。

也對自己的匆匆離別自怨。

途上或會自怨，眉頭倦了亂了方寸難預算。他更自怨未能在難預算的離別前，以僅餘的時間為自己開拓的負責更多。

作為本土思潮拓荒者之一的張崑陽，說自己也不敢自負地覺得自己甚有影響力，又啟發了後來的多少青春。始終那年青春的他也是受《香港民族論》啟發，才構成今日這條人生不歸路，而自己「純粹有出嚟做嘢，盡啲綿力」。但他確信在這路上的所作所為，總會在過路中的某處開花結果，從而生命影響生命。

「每個人都可能被一啲人啟發而去做一啲嘢，然後你做一啲嘢可能無形之中又啟發咗一啲人，成係事就係嗰件事你好信，所以你忠於自己，然後就影響到人。」[21]而那影響張崑陽生命構成的生命，他說是梁繼平。不全然因為《香港民族論》，張崑陽提起多年前與梁飯聚時，席間梁慨思「創造理論嘅人多大程度要為後世負責。」

有人說過馬克思要為列寧、毛澤東負責，那梁繼平自然要因一書《香港民族論》，為梁天琦、民族黨等因而走上不歸路的負責。故當梁繼平走入立法會脫下口罩，以行動實踐他多年前和張崑陽說的論述、負上他多年前和張崑陽說的責任、向張崑陽示範了相信的理念一定要加以實踐，才是完整的過程，就是另一次生命影響生命的證明，證明論述和行動的同時存在。

「因為佢（梁繼平）身體力行，令自己覺得要再做多啲，要幫手串連多啲嘢之餘，亦都要同大家同行。」[22]所以張崑陽當年走出香港，之餘又會渴望走入人群，所以張崑陽今次出走香港，之中更會遺憾未盡人事。

對所愛的香港，張崑陽長嘆一聲，嘆一直相信公民社會不可能死，更不可以死，「如果裡面嘅人都放棄，外面仲做咩要幫你，畀架救生艇你走咪算。」[23]所以他最大的遺憾，是未能在後國安法時代，為公民民族建立新的公

21 「每個人也可能被一些人啟發而去做一些事情，然後你做的事情可能無形之中又啟發了一些人。正是因為你相信這件事情，所以你忠於自己，然後就能影響別人。」

22 「因為梁繼平身體力行，令自己覺得要再做多一些，除了要幫忙串連更多事情外，亦要與大家同行。」

23 「如果裡面的人也放棄了，外面還為甚[illegible]要幫助你[illegible]艇[illegible]

民社會基建。

而對所愛的身邊，他說始終最對不起家貓，還有伴侶和家人，「係就最例牌，但又最內疚。」[24]再沉思片刻，浮現而出的臉龐，黯淡不明的顏色，他接著說出幾個人名，連說幾次「無時無刻都好掛念」，是曾經一同不怕死的如今身陷囹圄，是如今毫無來由的心痛。

「初選呢，名副其實真係『冚家鏟』，拉得太多人，好傷，一夜之間無咗太多人。無論未來會點，總之都係一個損失，社會上好傷，情誼上都好傷。」[25]

張崑陽說給予他最大的流亡實感，是在47人案後知道有許多人將十多年都不能再見。在之前他能想像的流亡，是當隻身一人到一個陌生地方，打開一扇陌生的木門時，從今一切熟悉的一切歸零，再無熟悉的佈局，再無熟悉的住家飯，更無熟悉的枕頭。

但縱使眼前四面徒壁無物無人，但人還能開網絡地圖相見。卻如今打開社

---

24 「是最典型，但也最內疚。」

25 冚家鏟：香港髒話，指全家死光。「初選真的全軍覆沒，抓捕太多人，很傷元氣，一夜之間少了太多人。無論未來怎樣，也是一個損失，社會上很傷，情誼上都很傷。」

交網絡，不見眾人上線，意識到原來再不是大家都在，而大家能共通的，只有朝陽前的一隅殘月。

這是他搭上那班離別的飛機時，所不曾想像的。

而從那班離別的飛機走下後，首先等著張崑陽的，是近乎「社會性死亡」的一年。

張崑陽每日都數著自己離別所愛有多久，其實也就數著自己有多久不曾公開露面。這一年沒有人知道他身處何方，他亦不能讓外人知道身處何方。

但張崑陽覺得自己和「社會性死亡」始終還有著一段距離，微妙不過的距離。「好多流亡咗嘅人，有仲多心聲仲多痛苦想講無地方講」[26]，相反他尚有一個甚受在乎的社交專頁可以情感一抒，故將心比己，自言是食得鹹魚抵得渴。在政治之中的角色不同，就有角色不同的承受，就要說服自己承受得到，

26 「很多流亡了的人，有更多心聲更多痛苦想說也沒地方說。」

那麼向透明進化也沒甚大不了。

也正是向透明進化一年，張崑陽也給心境留白一年。他提起自己當年從浸大轉校，也足足遠離學運兩年，就是要將自己沉澱，「太火紅火熱都唔得，旁觀者清當局者迷，沉澱吓可能又有新嘅諗法。」

所以沉澱很重要，能讓自己好好歸納過去、審視過去、反思過去，或者……如果可以，後悔過去。

張崑陽也說自己有時午夜夢迴，總會撫心自問何來如斯多苦，如此多難。那些過去令多少人面目全非，如花超生成果：如張崑陽一樣的離別，如揮霍在鐵欄之內的青春，如帶著理不完的瘡和癒不完的傷的餘生。

卻就算讓我們回到過去，因為世界上可沒有平行時空一作參考，故咖啡冷卻前一飲而盡後，我們鐵定還是會作出相同的決定，導向相同的現在，後悔著相同的懊悔。所以當我們回望過去，就會發現並非後不後悔，而是如岑敖暉所說的「歷史沒有回頭路」。

說了離別後就別再回頭，追憶過往也無濟於是。

因為米已成炊，頭已洗濕，攪炒已成，我們根本沒有後悔的選項，甚至這根本是張崑陽當初渴求的局面，只是作為局中人，當身邊有人因而受苦難時，又矛盾地不可能沒有任何感受。他感慨有如明明自由之軀但靈魂卻如囚禁，反要由囚禁之軀的自由靈魂鼓舞，去提醒「條路揀咗就要繼續行落去」，細說就算是痛亦須闖下去，叫喊別怕做我活到不屈便對。

說了離別後就要變得堅強，才能賦予相遇的意義。

試煉課成全了歲月在背後。只有繼續下去，才能令過去的不同青春、愛、離別有意義，才能在悲傷的盡頭，繼續譜寫屬於我們的未來。

所以在留白的一頁後，張崑陽也開始譜寫他未來的第一頁，人生構成的新一頁。但經過一年的沉澱，他開始感到這久未提起的筆有點重。作為稍早出走流亡的本土派（因為更早有李東昇黃台仰），張崑陽開始感受到形形式式的局限，切身地被六盤冷水照頭淋。

「社運真係食唔到飯，到最後都要有一份工穩定好自己，抗爭者唔可能係一份職業。」[27]那年大家為理想一起去追，紛紛放棄不同的眼前，眼前的不同，而投身這場火紅火熱。到炎夏走進寒冬，一切火沒煙硝後，眼前的殘酷開始變得清晰可見，一些在運動間的人生箴言，背後的哲理也慢慢被好好體會。

生平第一次獨在異鄉為異客，終於明白為何照顧好自己都是一學問，「自己都照顧唔好，又憑咩去照顧香港。」張崑陽形容是對自己莫大的transition（轉變），強逼自己成長的一年留白，但同時因為角色越大，責任越大，他更苦惱要如何在好好life goes on（好好生活）的同時，好好回應香港人的期許，讓那些把希望投射在他身上的，有一個希望的答案。

「每個有份打國際線嘅人，其實都會感受到個局限制肘唔係細。」[28]他說在離開前就已經知道，未來國際線的發揮空間決遠不如想像中多，不能再期望如一九年般集合各種天時地利，隨時隨地都可以推動不同法案，每一個月都有一條民主法案提交簽署……就像是為過去一年國際線的沉寂「戴頭盔」的一番話。

27 「社運真的不能糊口，到最後還是要一份工作穩定自己，抗爭者不可能是一份職業。」

28 「每個參與打國際線的人，其實也會感受到局限制肘不小。」

「公眾可以咁諗，但我哋只可以講呢個係現實。」他指出有時許多期望已貼近奢望，「我都想聽日帶隊兵返香港，我都想聽日光復香港，但要再貼合翻啲現實嘅。」[29] 張崑陽強調要在國際層面推動一件事，由倡議到認知，接納到成案，協調到簽署，每一步都必須講求天時地利人和。所以眼前要做的是開始深耕細作、細水長流，令國際社會對香港認識得更透徹，從而慢慢再令奢望變希望，將想法化成做法。

「唔係好肯定幾時見到成果，但見到嗰陣大家就會感受到，只係可能要幾年，可能要十年。」

那麼十年後的香港，張崑陽會是如何的想像？

他不假思索地說香港應該能夠光復，甚至，打趣地說要對十年後的香港人說恭喜。

29 「公眾可以這樣想，但我們也只能說這是現實。我也想明天就帶一隊軍隊回香港，我也想明天就光復香港，但還是要再貼近現實的。」

「真係得咩？」

「我梗係想出年光復到添，永遠都要抱有希望。」[30]因為再不抱希望，很快光復香港就是奢望。

「離散有時間，有限期，嗰啲千年離散仲有得鞏固今時今日係唔可能㗎。」[31]張崑陽說猶太民族的例子太獨特。歷史上哪裡有猶太，哪裡有欺壓，處處受盡歧視，受難身分如影相隨；相反香港人離開出生地後已脫離欺壓，政策救生艇一艘接一艘，目的地處處均被視作上賓，和當地人融洽得極度美好。

「海外出世嘅第三、第四代，根本就唔會對香港有認同，只係聽阿爺講歷史，個啲根本就唔再係香港人。」[32]故心頭一算，張崑陽說光復香港的限期只餘兩代，否則就要接受香港民族淪亡的現實。

但首先在兩年內，我們先要接受香港淪亡的現實。

拋下感性的十年幻想，理性地張崑陽認定兩年內公民社會定再收緊，斬釘

30 「我當然想明年就光復啦，永遠都要抱有希望。」

31 「離散有時間，有限期，那些千年離散還能鞏固，在今時今日是不可能的。」

32 「在海外出世的第三、第四代，根本就不會對香港有認同，只是聽爺爺說歷史，根本就不再是香港人。」

截鐵的語氣說了幾個誰都猶豫過的想像：「Jerry（袁德智）會被捕，中宣部會接管 ViuTV，Mirror 唔會存在，藝術會成為統戰目標」。他認為現在中共對香港的統戰手段只是雞毛蒜皮，統戰真正的目的是一場精神塗炭，透過扼殺一切精神手段，令人再無精神寄托，令人陷入無止境的絕望。

而國際線，就是由始至終的希望，那中共永遠動不了的希望，動不了的精神寄托。張崑陽說他始終相信國際線的力量，相信其結構性的力量，能終令中國共產黨瓦解的局面誕生。

所以到頭來，一切還得先中國有改變，那聽起來不就等同「建設民主中國」？

張崑陽說原則上不反對民主中國好等同香港好，但指出和現時國際線所做的，所爭取的，所細水長流的，分野在如何定義「香港好」。「民主中國之下可以係十四億人選總統，咁係咪我想要嘅局面？我唔想。」[33]

「我想要嘅係香港獨立。」

---

33 「民主中國之下可以是十四億人選總統，這樣是不是我想要的局面？我不想

張崑陽認為一旦共產黨瓦解，中國勢必陷入內亂，屆時香港的地位定將透過一些國際介入的和會而作出決定。「我哋喺八〇年代時，批評中英『兩腳檯』，兩個國家決定香港命運。咁點樣將佢轉做『三腳檯』，確保到時香港有其自主及獨立性，可以民族自決，就係要依家開始堅持國際線，到時有話語權代表自己。」[34]

所以未來的日子，張崑陽說不能再一味尋求國際提供救生艇，而是要用國際語言探討香港的主權定位，以國際接受的口脗將香港獨立帶上討論。「好似《中英聯合聲明》英國都已經三次話中國違反[35]，咁可唔可以係一個設入點，去介入給予香港人本身應該有嘅自決權呢？」

「不過都急唔嚟，大家依家見唔到都只能講句抱歉，對唔住令你失望。」

張崑陽說明白有許多人都曾對國際線有很高期望，故此夜不如預期時，不同批判自然就接踵而來：「無做嘢」、「只係見人」、「得把口」，慨嘆「有時唔係自己叻唔叻，可能自己就係唔叻先推動唔到」[36]，說在這時就更應該虛心接受批評。

34 我們在八〇年代的時候，批評中英『兩腳檯』，兩個國家決定香港命運。那要怎樣把它變作『三腳檯』，確保那時香港有其自主及獨立性，可以民族自決，就是要現在開始堅持國際線，那時才有話語權來代表自己。」

35 作者註：下筆時已經第四次。

36 「有時不是自己厲不厲害，可能就是自己不厲害才推動不了。」

他對未來的張崑陽寄語一句「忠於自己，用行動證明一切」，勉勵所說的終會見到，亦終會做到。因為面對因愛成恨的批評根本無法反駁，只有能交出成績，光復香港時代革命，就是最實在的回應。而屆時他希望那個張崑陽，十年後的張崑陽能夠安於平淡，成為一名老師繼續「誤人子弟」，笑說教師適合他孤僻的性格。

「教中國歷史呀？」說來諷刺，構成張崑陽今日的一生，啟蒙他的正是中國歷史。

他搖搖頭，說想教民族主義，教一個小國的人民如何反抗威權的故事。而這個小國，名叫香港。

那位名為張崑陽的少年，因對香港，對本土的愛，獻上了自己大好的青春後，一年前踏上了離別的路。在這知未明的地方留白將近一年後，如今也終於要開始人生構成的新一章。

這一章的標題究竟是旅途，還是餘生，就由他前往美國後，在未來再替自己的人生好好書寫。而在這之前，就是現在，他寫下的是給香港的一紙疾書，一語句言。

後記

「能離開已經是甚好的結局」，和張崑陽一樣，筆者也離開得猝然不過，下筆時難免感同身受。時常會有感自己和移民有一線之距，那一距不在走得有多倉猝，而在走後將意味著的失去，多少人從此再無法親自見上一面，甚或親口說上一話，然後時而會自怨自艾。

離別接續別離的傷，存活一生總要一嘗，但勉強聽懂了難勉強，為了生存，我們不可避免地要時刻面對生命的變幻無常，故亦不可避免地需要成長。成長就是一段過程，一段為追求人生自由，而面對生命殘酷的過程。但生命的殘酷，在人生的旅途中是客觀存在的，而主觀存在的是我們生命中的悲喜，或者在人生的旅途上，在青春、愛、離別、旅途、餘生中，我們定必要獲得內心的平和，學會與過去和解，和自己和解，才是，亦才能真正的成長。

如今想來諷刺，文中提到Sunny在初選時被嘲為「Sun泛民」，印象中第一個予張崑陽此「冠名」的正是筆者本人，在初選早期美孚一次勞資糾紛，應該「打離地議題」、格格不入的他赫然在一個不屬於他的「現場」。但最後的「和解」也是在美孚，一場莫說主流媒體關注，連現場觀看人數亦不過五十（但國安就有五六個）的初選論壇，甚至黃碧雲[37]都未有到場。論壇焦點甚至集中於福利政策，在一場以意識形態為主軸的選舉中可謂雞肋，但偏偏張崑陽的位置卻和他相連，兩人在論壇其間少不免竊竊私語，在論壇完結之後亦哄笑一番。直到初選投票的第二日，當日投票時間尚餘幾小時，我收到一個短訊向我索取一張照片。半小時後在我正乘換小歇間，打開手機時開到張崑陽在專頁上發文，呼籲支持者若尚未投票，改為將票投予Frankie。而那一個貼文的配圖，是他倆在論壇完結後哄笑時，我偷偷按下的快門。

所以，我是設身知道有多少「本土派」對張崑陽有著多大的不滿（偏見這詞太主觀就不用了），因此，在專訪進行之前，我曾特意花過好一段時間先向他的反對者側訪。並非要說服或改觀，但我始終深信如那句「本土派已經不再

37 黃碧雲：前香港九龍西選區立法會議員，現為香港民主黨成員。非作家黃碧雲。

存在」般，既然大家本是同土生，幾多嘢，都應付笑談中。

奈何直到專訪刊出，和解很難，成長很難。

#救人理大博士 2021/10/15

邱宏達

我不想出獄時香港還是這樣

今日的區域法院內，被告承認一項非法集結罪判監十二個月；今日的區域法院內，為746日前的三分鐘作總結。那一天，香港歷史上第一次，警察對示威者近距離實彈開槍，子彈距離心臟僅三公分。十月一、第一次、實彈、三公分。我們都記得那一天，我們都記得中槍的人，我們都記得。

只是我們大多或許都忘了，那天在人性醜陋下，尚有最卑微的人性光輝。

今日的區域法院內，被告理大博士生承認一項非法集結罪，判監十二個月，而前因僅是在一九年十月一日在荃灣示威現場，上前察看中槍倒地者的傷勢。

《加山傳播》自去年（2020年）起，第一次開庭就一直接觸他，終於他在某個上庭前的晚上，應邀向記者說出他的想法，說出他對反送中的想法，說出令他泥足深陷又沉溺多時的想法。

那一晚在辦公室裡，坐著筆者和他，還有另一位同事，就在小空間裡促膝傾談，一談就談了四個小時，甚麼都談，談社會，談人生，談家庭。筆者時常覺得沒有人會在記者前，說出自己的內心，故刻意不錄音亦不預設問題，盡可能不帶半點訪問的感覺。所以那幾個小時，筆者就像一個學生，聽著一名博士學歷的說教；就像一個朋友，聽著一個將好些日子未能再見的遺言；就像一個香港人，聽著另一位香港人的囑咐。幾個小時的對談發人深省，大部分都沉澱了好幾日，好幾週，下筆時足足幾乎又過了一年。

但有一句因為說了不下十次，所以記得很清楚——「我唔想到出返嚟香港仲係咁。」[1]

他說香港人需要「總結」，需要為那一年的風風雨雨作總結。雨傘有總結，所以有魚蛋。魚蛋有總結，所以有反送中。這個道理說過不少次，一年間筆下不少專訪都耳有所聞：不去否定雨傘的失敗，因為有雨傘才有今日；卻又成為許多人不願面對的理由——要總結反送中，就等同承認反送中的失敗，但運動稍然作結的不爭事實卻又有許多人同意。

1　「我不想出獄時香港還是這樣。」

他認為總結不代表失敗，一場運動當中有千絲萬縷，當中抽絲剝繭後有很多是成功的經驗：就如反送中的抗爭系統，就如反送中時無大台，而偏偏這些成功所建基於的，正是過去的失敗。因為這是一場 Trial and Error 的遊戲，總得有一個暫停。

但總結這回事要做的不只香港人，還有政權，故此是一場時間競賽，就如二次世界大戰一樣，德軍和美軍鬥快找出原子彈的方程式。因為總結很重要，政權十分清楚，就是讓香港人總結了兩次，手下留情了兩次，才有2019年的那一次。「所以政權今次從唔對每一個參與者手下留情，就係唔想我哋作出總結。」

「但都係阻得幾年啫，暴動上到區院最多七年。」[2]筆者插嘴。

「所以啲嘢咪跟住係咁嚟。」[3]一語驚醒洛克人，剛夢醒還未跟上思路。他口中的「啲嘢」，是國安法，是國民教育，還有一些你我都不能想像的，或未能想像的。「我好希望香港人可以總結，定性自己喺過去一年嘅每一樣作為。」

2　「也是只能阻擋幾年，暴動罪上到區域法院也最多七年。」

3　「所以後續事情就會不斷來。」

而之後的數小時，都是他的總結。

「運動從一開始就已註定失敗」，他說。就從那些叫得如公式的口號可知一二。運動以撤回送中條例為始，在經歷六月九日和六月十二日後，逐漸演變成所謂的「五大訴求」，年間五一的手勢常現鏡頭前，FDNOL（五大訴求缺一不可的英文縮寫）隨口罩招搖過市，如即使運動完結但精神不變……君可見李卓人那天走上西九法庭，還押前最後的手勢。

「當提五大訴求個刻，咪即係承認咗個政權有最終話事權」[4]，他認為由五大訴求被提出的一刻，政權已知道即使夏慤道上有二百萬人甚至再多，最終目的亦非推翻既有制度，故亦立定心腸，對香港人提出的每種訴求不問不聞。最佳的印證是那年八月的一場記者會，他形容林鄭在記者會上「鬼拍後尾枕」[5]，一句「no stakes in the society」已說明政府的態度，因為「個政權只係在意三個數字：恆指、樓市、庫房」。他說只要這三個數字依然穩建，就能營造香港欣欣向榮的假象，亦能片面地矇騙仍是國際金融中心。

4 「當提到五大訴求那一刻，那就代表承認了政權有最終決定權。」

5 鬼拍後尾枕：不打自招，衝口而出。

事實上翻看恆生指數的歷史，從反送中首次大型示威活動後的首個交易日（2019年6月10日）收市27，578．64點，一直到理大圍城轟動全球，恆指都不斷在1000點上下徘徊。即使後來國安法生效，恆指亦是一連數日綠油油（雖然該幾日成交額亦出奇地高），近一年半間真正對恆指造成衝擊的，是去年年初的一段石油價格戰和武漢肺炎[6]。

當我們見到這邊廂「捉鬼天師」[7]早些日子仍能以4000萬港元售出物業，那邊廂立法會批出撥款每每幾百億地去，從經濟角度而言反送中運動對社會造成可謂零影響，故在年間運動中飾演不同崗位的每每港人，是切切實實的no stakes in the society。

而更重要是，政權清楚知道街頭上的每一個人的極限——人性。示威者出於和政權有一種無形的社會契約，不可能主動殺人；同理政權亦不會主動對示威者作出奪取性命的一步。因為在社會契約下，政權的公權力是人民所賦予，如果賦予的公權力會奪走自己性命，契約不再成立下人民自然就會選擇收回公權力，故「一個死咗，反送中會升級到搏命mode」。

6 作者註：下筆時為二一年四月。半年時間很短，但蝴蝶記憶很短，也留下甚麼恩怨，而這半年間已經有《蘋果》消失、恆大準爆煲、地產商被收編、繼以才有日前股災，就更突那年間運動對恆指的微不足道。

7 捉鬼天師：指經常指控不同社運人士是「鬼」的某時事評論員。

筆者不禁質疑他的說法，明明「健仔」幾乎就在他眼前成為亡魂，之後又有「熊仔餅」，兩次政權的觸手都已作出失去人性的一步……他說兩次其實都在臨界點，兩人未有「犧牲」而令局勢升級是「政權真係好負碌」[8]；而最「負碌」的是，反抗者其實千方百計在不主動破壞契約下，嘗試逼使政權打破契約——無論是「健仔」和「熊仔餅」，在中槍前根本都毫無殺意，只是面對火藥管仍無怯地「送頭」……

「可惜佢哋當中無我，唉。」邱宏達忽然慨嘆。

「原來真係隨便一個人都會『中』。」筆者忽然茫然。[9]

那年風高浪急間，尚有許多信念、規條被大家緊守，甚或如教條主義般充斥。「不篤灰、不割蓆、不捉鬼、沒有大台」的綱領，固然正是總結一四年雨傘運動的失敗之催生物，然則他仍認為這「三不一沒有」某程度上對運動造成阻礙。

---

8 負碌：僥倖。

9 作者註：此處呼應何桂藍於《端傳媒》之專訪「真正的政治，是在需要你的時刻，你上了枱」中，提到抗爭者都做好犧牲準備時，慨嘆「原來在街上隨便找一個人都會『中』。」

「應該係『要做啲咩』，而唔係『不做啲咩』。『不』呢樣嘢係向入，只限制唔可以做啲咩」[10]，於是自然有人會遊走灰色地帶；加上一場運動千變萬化，一百名抗爭者就有一百零一種想法，結果各人並無集體的意志，有人言進，有人言退；再加上一句「兄弟爬山」，結果正如目前所見。

同樣充斥整個運動的精神還有「齊上齊落」。我們對於「齊上齊落」最深刻的印象，莫過於佔領立法會，一大群抗爭者最後一刻衝入會議廳，將四名原打算留守的抗爭者拉走。他說這一幕的確令抗爭者對群體、對集體責任有深刻的感受，但「齊上齊落」的概念後來急速變質：「本身『齊上齊落』係用嚟做前線嘅緩衝，要佢哋一齊離開，唔好自己走咗去」[11]，卻逐漸變成大家要一同留守，因而引發理大圍城。

「大家好睇重集體責任，見到理大被包圍但無一齊留低，覺得無『齊上齊落』，好有罪惡感，虧欠咗裡面嘅人，咪去晒救理大」[12]。他形容救理大是「母親的抉擇」，故這種變化「無絕對的對錯」。

他一直不認同在這場運動中有虧欠的存在，「如果吓吓講住虧欠，只係將

---

10 「應該是『要做甚麼』，而不是『不做甚麼』。『不』這件事是向內的，只限制不能做甚麼。」

11 「本來『齊上齊落』是用來做前線的緩衝，要一起離開，不要自己（和理非）脫隊。」

12 「大家很看重集體責任，看見理大被包圍又沒有一起留下來，覺得沒有『齊上齊落』，很有罪惡感，虧欠了裡面的人，於是就去了營救理大。」

『你』呢個角色睇得太重」[13]。他說經常在一些抗爭者判刑，甚或提到自己的新聞下看到滿是「感謝手足」的留言，「但我哋企出嚟走上前並唔係要一聲多謝，更唔係為本BNO而同你衝」[14]，而一場運動之中總會有人要負出代價，故重要是這群人「行咗條路出嚟，留低咗啲教訓之後」，後人能否從中帶走甚麼，取得甚麼價值，作出甚麼總結。

「只係依家睇落就對香港無咩益，好白費、好浪費。」[15]他慨嘆。

但浪費卻最能總結香港近三十多年的抗爭，當然罪魁禍首是泛民。他說泛民主派過去在一直進行一個原地踏步的循環，「情況變差、舉辦遊行集會、順道收捐款賣抽獎券、情況繼續變差」，三十年內來如是。

他說自己本來是「紅底」的。這個紅當然不是民族黨紅，是共產黨紅、根正苗紅。在他印象中父母輩都紅，所以潛移默化地他也紅。他提過家父經常會聽李慧玲的電台節目（想當年），笑說要一邊聽人鬧政府，但卻繼續不受影響，

13 「如果動不動就講虧欠，也就只是把自己看得太重。」

14 「我們走上前並不是要聽一聲多謝，更不是為了一本英國護照而跟你衝鋒陷陣。」

15 「只是現在看起來就對香港沒甚麼助益，好白費、好浪費。」

「定力都有返咁上下。」

但一切的轉變，卻又同樣出於這個紅家。在他發現一些連如此支持政府的家人都發覺問題，都說得出的解決方法，政府卻懵然不知，那一刻他開始反思一個問題：「點解坐嗰個位班人（政府官員）已經咁有問題，但打著反對旗號個班都做唔到嘢。」

故在反送中運動後，泛民主派被年輕一代唾棄、被老一輩覺醒嫌棄，那場被定性違法的民主初選已是最好的當頭棒喝。「要知道自己點解會俾人拋棄」，他笑言自己因被捕而有光環，而現在正要摘下自己的光環，「用我博士級嘅觀察嚟提醒一班人。」

洛克人再被驚醒，一年來每每稱呼他為「理大博士生」，據統計自一九年六月以來，至今已有接近八百宗暴動案件，想起來他可能是曾被控暴動的八百多人中，學歷最高的其中一人。而在漫長的過堂和過堂間，那個寂寂無名的博士生，已成為一個在國際期刊上有過發表的博士。

踏入2021年，審訊、裁決、判刑正式進入高峰期，大量的暴動案開始審訊，加上橫行而生的一紙國安法，記得某次和行家飯聚，得知其正另覓居所，理由是由舊居赴各大法院不方便，「但喺近一年啲新聞都喺晒法院」[16]。

但如非稍有「星光」的案件，其實不會看到庭外手機滿布，黃傘旋搖，就如今日的區域法院外。那一年一句「齊上齊落」叫得如此動人，但現實卻由如此「謎人」。

若有心留意的讀者或會發現，自從第一次報導「荃灣10．1暴動案」，直至以上的三千五百多字拙文，都一直以「理大博士生」稱謂。固然人類都是直覺動物，見到「博士生」等字眼，自然會聯想到大好前途，就如庭上他自撰的求情信，那如電影劇情的逆境自強，聽著總會讓人為一優秀青年而感不值。

但在之前，他先是一名有血有肉，有名有姓的人；而在之後他不僅是一名博士，更是整場運動中最耀眼的人性光輝。

希望大家記著他的名字，邱宏達博士。

16 「最近一年的新聞都在法院裡。」

後記一：「好人一生平安」

專訪是去年所作的，撰寫是今年才成的，而這篇後記，則是判決當下才開始動筆的。近一年看過太多人收監，每次筆者都近乎無語問蒼天，說好的「好人一生平安」呢？然後再以各種藉口「慰藉」自己：使用暴力的確有罪、政治人物各種謊言，再不然，違法達義前言是違法。

但邱宏達呢？

誠如專訪開首所言，想必大部分香港人都對當日不陌生：旁人問到誰中槍時，縱使被警員壓制於地，他只是不斷以腳尖指向左腳邊的血泊，只在奮力撐起頸項察看傷勢，只仍力勸警員先拾回應有的人性。「你有 FA 牌咁你唔救佢」[17]、「救佢先啦我唔走啊」、「咁你哋都唔係打死人啊」，一句一句絕望般的呼喊，他換來甚麼了。

這是大部分香港人都陌生的：他雖然被改控非法集結，卻案情上指他在槍擊後上前，「透過他的在場鼓勵和協助其他暴動及非法集結的人，而實際上亦

17　FA 牌：First Aid 證照。

有人向在場警務人員所在位置擲下一枚汽油彈」。

我們聽得仿似心臟中拳內傷，他叫得無能力顧及形象的歇斯底里，在一紙控罪書上就是罪孽。那可能不到一秒所作的決定，換來是十二個月的囹圄。一年的牢獄要懲罰的，是即使連累被捕，也毫不介意，即使被遺下獨自應訊，也毫無怨言的邱宏達。

遺下比遺忘要好多了。從案件第一次提堂，他都只是存在，但能被自動省略的一個，就像小數點後的第幾位。整數當然是中槍的「健仔」，傳媒的焦點，大眾的目光，旁聽的人潮每每衝著他而來，而邱宏達，充其量只是「救人的那個」。

有件發生在區域法院內的軼事，叫筆者一直為之氣結。某次散庭後被告們完成程序離開，電梯到地下時，一直形影不離的男歌手先行步出，回頭就一句「『健仔』外面好多記者喎，你OK嗎？」，之後又是簇擁又是擾攘，就是無人記得同處一廂的邱宏達，好像所有的「關心」他都不配擁有。說起來，那是筆者最後一次見到「健仔」，理所當然地在DCCC485/2020的法庭內，也是最後一次見到這位男歌手。

之後的事大家都或有印象，去年12月22日「健仔」未有出庭應訊，瞬間大家才憶起，這案件還有另一名被告。那一天散庭後的邱宏達，在升降機向下時一直躊躇不定，掙扎著是否要大方公開面對在門外等著他的，第一次關心他的鏡頭，終於關心他的鏡頭。理由卻來得十分諷刺——他擔心大眾會責怪「健仔」丟下他而去。

他最終沒有從正門步出區域法院，而是默默地跟在筆者身後從一小路離開。然後當天晚上，他托筆者公開倉卒一筆的信，擔心著多餘的憂心。

多餘只是我們加諸的，多餘的其實是我們的功利，多餘的是我們因日常洗禮，而封起了「性本善」的厚繭。邱宏達有一個「多餘」的小動作，散庭後走在稅務大樓外的天橋上、短聚後走過太子港鐵站、為拍攝而走回荃灣的現場，他總會刻意地雙手合十一拜。他說，這裡曾有鮮血流下，就是有犧牲被遺下，所以值得被記下。

因為不遺下任何一個，所以他在千鈞一髮走上前，成為那個時空下突兀的身影；因為要記下每一個，所以在不屬於他的審訊中，旁聽席也有他突兀的身影。荃灣暴動案首次提堂時其實亦有其他被告，只後來案件被分拆，他和健仔就成了485，其他四人則是868。卻即使是只有一堂之緣的其他被告，他仍關心備至，審訊期間不曾缺席，甚至提醒筆者868的案件快將結案，要抽空到庭旁聽關鍵宣判。

那次判決對日後的諸多類同影響深遠，第一次「共同犯罪原則」定罪，旁聽席上的要麼是被告親友，要麼是聞訊而來的記者，只有邱宏達是那突兀的唯一。但與此同時，他其實正為自己的博士論文最後直路埋頭苦幹，甚至正是關鍵之時。但現實是隨著今日的宣判後，一切他所成就的，都如他在求情書上說的：「在判刑後，我應不能再留在香港的學術界，與其他本地科研工作者在學術領域上創造更多成就」。

在他原本的求情信中有這樣的一句——「希望向昔日為夢想努力的自己致歉」，是最後未有在庭上讀出的，也是筆者作為少數知情人耿耿於懷的。他一直都對自己的學業十分自滿，不然也不會有專訪中的一句「用我博士級嘅觀察」，但背後他所經歷的，是會考和 A-Level 的失敗；然後他所歷練的，是一場不放棄的人生逆襲；最後他所鍊成的，是27歲就考上博士，何等的萬中無一。

記得那天他來辨公室閒聊，室內另一位同事在兼職補習，他探頭便插嘴討論，說是又勾起他中學時的回憶，說自己對當時所學仍記得一清二楚。

而那次幾小時的東談西聊，筆者記得最一清二楚的沒寫入上文：是那次促膝幾小時的尾聲，笑說他是筆者見過，第一位沒有女友陪同出庭的抗爭者。「咁咪仲好，累少個人啊！」，是筆墨也難以一抒的豁達。

他有他的豁達，但也有他的執著。

許多人都勸過他認罪，畢竟三分之一刑期的光陰無價，律師勸過，筆者也問過。「如果係暴動我打死都唔會認罪」，不太記得他何時何地曾向筆者說過這麼一句，隨著案件一拖再拖，拖得好幾次法官都不耐煩，最後通牒說過一庭又一庭。拖到後來他博士資格也到手，筆者再試探口風時，他終道出箇中細意。

「其實係想拖到畀健仔考埋個 DSE 先。」[18] 惜事與願違。

一番苦心沒法領會，他卻拖來了一條較輕的罪名。當同一宗案件的其他四名被告，今年初成首批被「共同犯罪原則」定罪，已被重判四年多時；他「只」需要面對一條相對較輕的交替控罪，承受「只是」12個月的囹圄，筆者也只能如此自我慰藉。

這已是好人的一種平安。

後記二

有時我會回想究竟半年間的腥風血雨換來甚麼。「撐手足，撐到底」，所以到底是？新聞每天都在報，數字都在不斷刷新，往上的是刑期，往下的是年

18 DSE：香港中學文憑考試，為中學畢業試。「其實是想拖到讓健仔考完畢業試才認罪。」

齡。有空就會去法院，想填補一下旁聽席的空椅。如後記怨氣滿滿的例子，「健仔」中槍後多少人關照，每次出庭總有名人伴隨左右，但同案的可有被關心過一次？更枉論分拆後的審判，成為全港第一宗共同犯罪原則入罪，五年多的刑期，他們被押解離開前回望，旁聽席上扣除朋友家人記者，不到5名香港人。

出名的還有被名人打卡的功用，也就只剩下這功用。其餘的呢，丁點光環都不會有，況且這個光環他們真想過要嗎？何況一個人被判刑，但被判刑的不只一人，他們有家人甚至有牽掛。如果「坐監是一種逃避」，無形中陪坐的家人又在逃避甚麼？

記得毛孟靜在立法會外說「十年咪年青人」（諷刺地毛孟靜也隨時要坐十年），有人回答「我哋已經有心理準備」。但在站出那一步時，手拎起汽油彈時，義無反顧時，有多少人真有心理準備，又有多少家人有心理準備，而非既來之則不得不安之。黎智英說「煮到埋嚟咪食」[19]，他沒說的是「根本冇得唔食」[20]。

我想說的是這場運動給我最大的得著，予我最大的收穫，賦我最大的想

[19] 煮到埋嚟咪食：見機行事。

[20] 「根本無路可逃」

像，是認清現實的殘酷，或者這並非 How the World works，卻怪異地是 How Hong Kong works, but wrongly。而更錯的是，這次從沒有人嘗試去檢討當中的錯誤。

為甚麼會有理大圍城，為甚麼之後只以包圍策略應對群眾，甚至為甚麼要判刑判得越來越重。我們只會左一句因為政權逼害，右一句極權歹毒，但其實並非面對問題，亦無回答問題，就更不曾正視問題。

這一切其實都來得簡單，差別就在於政權會檢討錯誤，而我們不會。

我們進入了一個極端意識形態的社會，一個摸不著頭腦，但又不容質疑的意識形態。不再思考，只以意識形態先行，故在「鬥黃」的出現時，不再容得了半點批評，只會扣帽子，「五毛」、「PR」等標籤不斷出現，同時將一切錯誤包容，而非將每個錯誤檢討。

這何嘗不是一種逃避。

但我從不會認為那年間的血淚痛悲毫無意義，因為要介定無意義，首先需要有意義的出現，甚至無意義本來就是一種意義。那些年到這些年，我們不斷說要免於恐懼自由，那麼我相信香港人在國安法後的香港已經做到。因為移民、逃避、做港豬、甚至做一些但求心安的消費，都是免於恐懼的方法。但這些真的是我們在站出那一步時，手拎起汽油彈時，義無反顧時所追求的嗎？在代替其他人的懦弱，獻上自己的勇氣時，我們爭取的只是一本免於恐懼的BNO？

那一年酷暑至嚴寒，我們從不是為免於恐懼而戰，我們是想像得到恐懼，然後嘗試克服恐懼，「所以我哋要爭取嘅，係想像、面對、再克服恐懼嘅自由。」

這是邱宏達在步入囚籠前的那個清晨，隔著一通越洋電話說的。

這才是那八字真言的意義。

（ps. 邱宏達於２０２２年６月初正式刑滿出獄。）

#後記

Credit: Julian Schade

胡 戩

煽動、流亡、人在異鄉

找一段和旋開始唱，不平則鳴。

編輯說最後的章節應該是一篇筆者我自己的專訪，就像有些大學教授，十三講後最後一課是自己的偉論。在我看來是自大，還是自負，不重要了，一直很討厭將每件事染上太多個人色彩，甚至是封面的設計，也著力要求過將自己名字縮細再淡色。反正加山和我早已畫上等號，客觀上——雖然主觀上我當然認為——也必須堅持加山是眾人的事，這本書也是加山的書，就當作是我自欺之為也好。

畢竟加山一路走來就是自欺欺人，以不同的謊言，大義凜然，蓋過另一個謊言，有口難言，然後如鬼打牆般不斷重複。所以要我寫自己，寫《加山》，是可預見的充滿掩飾和迴避，就如前面每一篇專訪一樣總有保留，無論是口述的抑或筆錄的，就更何況現在是一人飾二角。但這裡不是3年A班，不會有人在謊言前把眼鏡摘下，但我已盡可能難得保持誠實，或者說直腸直肚，就讓我放肆一次。

或者先在此刻打住，我覺得先有需要向讀者道歉，接下來可能只是一片滿滿的腸斷，牢騷太盛，決不是一個能寫出書來的「作者」應交出的文字質素，就如同書中的每一篇專訪，基本上沒有一篇我是讀得心滿意足的。不用挑骨頭，而是每一篇都像南乳豬手上的毛一樣礙眼。要歸咎起來，大概是加山誕生的必然連攜，大學未畢業我就一股腦跳入實戰，有點像美國高中生不經 NCAA 的洗禮，而直接挑戰籃球最高殿堂，應是成長的過程沒有人能加以指導、保護或起碼循循善誘。但起碼他們知道自己是有一定天賦的，而我從不知天高與地厚，靜候自己的就只有一盤又一盤的冷水、餿水、鏹水，將自己所剩無幾的自尊淋得體無完膚，就如這次由編書到眾籌出版的過程。

有時我也分不清自己是自視過高還是迷失迷惘，我十分重視那些虛幻之物：讚好、分享、留言，尤其是批評、挖苦甚至無理取鬧的我都像 Kurumi 般小氣簿記下，畢竟我是在不斷的被否定當中成長，甚至有時候就會相信那些在腦海裡面，那些說我沒出息，沒有用，「幾廿歲人都唔正正經經搵返份正職」的那些人，的那些嘲笑，的聲音是真的；但支持、加油的留言，我卻統統過濾成「場面話」。《加山》一路走來最大的缺憾，是沒有對「好」的定義能力，所以許多人看起來「好痴線」、「好詳盡」、「好深入」的作品，其實是當我們沒有對質的一把尺，就將量推向極致。

扯遠了，又似沒有。因為從來沒有被告訴過何謂普世對「好」專訪的定義，我只能將之寄託在意義似有還無的數字上，當然今次就會是書的銷量和籌得的資金，就像電影也看票房和獎項一樣。只不過連獎項的「好」也能被扭曲——我已數不清多少人向我說過人權新聞獎的肯定就是肯定，在我不斷重申獲獎只因我報的是學生組，還有只是區區一個優異獎後。（說起來，下筆一刻獲獎已經超過一年，那張證明的沙紙我依然未到手。一篇文章就應該一氣呵成，否則總有節外生枝。後記由波蘭拖到回台灣，執筆寫著寫著，然後又第二個人權獎，薛丁格的人權獎。）

但即使再如何去否定屬於加山的應得，依然有那麼一個意義我不會抹煞，和你手上正捧著的讀物、前面厚厚頁數承載著話的重量一樣，都如出一轍地分享著共同的意義。說來意義這回事也是自欺欺人的一種，美其名的說法是SELF FULFILLING，換言之自我滿足，則往往是主觀的，但偶爾也有客觀的——客觀事實是，一九年後成立的眾多不同網媒，在混雜著數之不清的兒戲（字面意思）和斂財（也是字面意思）中，縱然我無法分辨出好的標準，但對平庸之惡的量度，甚或退屈至只是對基本質素的堅持，《加山》都是獨一檔，唯一的濯清漣而不妖。

所以「反送中而生」這個媒體牌頭《加山》避之又避，專訪的出現也是為印證、刻劃《加山》與惡的距離，與平庸之惡的距離，與拳擊賽、鏡花水月、胸部和臀部的距離。一個新聞工作者應做的事，是說真話而非說漂亮的話，是說真理而非漂亮的道理。所謂回應時代不應是為觀眾而賣弄娛樂，回應時代，是要告知觀眾這是娛樂至死；回應時代不應是為觀眾而隨波逐流，回應時代，是告知觀眾我們正迎來一個甚麼時代，預示未來、反思當下、借鑒過去。

而這些時代的回應能夠成為回應時代的重量，沉實的一本《香港甚好的片刻》在你們手上，要感謝的人數之不盡，或說穿了就是想不到要感謝誰，那些人好像存在，又好像只是我多餘的幻想，如同每個所謂的意義一樣。但成為我筆下，被我借用以「訴心聲」的18人，是構成一切的原點，感激之話不知所云，也許憑曲寄意更稱真心，歌都寫在每章節末處了。

卻在看過多少臉龐後，蒼茫的我逐漸發覺，回應時代的重量，不經不覺間其實就是重量本身。但我依然無法順其自然地，起碼和逆來順受有著一定差距，接受那些被加諸的重量：煽動、流亡、異鄉。

回頭望，我在何方。為著一個個自欺欺人的謊言，一次次SELF FULFILLING的意義，把自己推到一個不曾，也無法想像的孤島。這已不再是值不值得的問題，多少次我曾一而再地以「為愛而生」繼續矇騙自己，矇騙自己繼續，想像為了愛我尚能再多作甚麼，回應甚麼，但到頭來這些回應，時代的回應，卻成為了我自己。

幾小時的倒數剩餘回憶，和幾十年的未放低誰麼，談及這些被經歷過倉卒的蒼茫，在我筆下墨落得有共鳴，只是我正體驗著同步的巧合，但再煽情的辭藻，也無法描繪出親身經歷的心臟中拳內傷和無能力顧及形象。離別接續別離的傷，存活一生總要一嚐，這些命運使然，一句眾生皆苦的概括或者理所當然，但勉強聽懂了難勉強，世事無逆向，這些命運使然中的重量，又豈是三言兩語就能承載得了。我們都不過是在自己的一片頹垣敗瓦，朔月無光中苟延殘喘，所以當我只寫下滿腹的不堪，並非我無視了萬物中的歲月靜好，而是這世界，這時代，這香港辜負了我的期盼。

尤其當愛若無法得到回應，再多的愛，其實也無從愛起。很後來在一次偶爾的場合，對方在不知我的身份下提出質疑：究竟我愛香港些甚麼。相信就算將同樣的問題丟給前面的十八人，也只會是另一種未來三問——硬是能擠出一個像樣的答案，始終空洞都有四壁，但問題的本質也就變了樣：我們愛的是真實的香港，還是我們想像的香港。但不變的是無論思辯最後的答案是那顆藥丸，這份所謂對香港的愛同樣都不會得到回應，想像的香港，再美的印象就空得印象，而現實的香港，情感給糟蹋都活該寬恕，於是再多的愛，其實也無從愛起。

但也回不去了，而這裡會否終結果出大廈、柳暗花明走得盡，其實再也不重要。因為這一切和一切，和想像的意義都是一樣，和成名在望一樣，都是一種 SELF FULFILLING，只是一種無關真相的信仰。但在苟延中殘喘的，起碼我，在《加山》窮困潦倒的名下，半錢收入也未有過，籌個八萬港元出書最後落得自己墊支，光著腳越過人類荒唐兩年後，其實除了在每天的來去和光影中拼命無恙，生活革命外，也再無餘暇來瞻前顧後。

我並不是要否定過去，否定《加山》過去兩年多，至少就算我如何將自己唾棄，自己懷疑，都只是一切身不由己，不願那所謂的價值最後只是 SELF FULFILLING 的自慰。我依然會希望，會相信那是有最基本價值的，不負在書中，還是書以外，和《加山》有直接關係，或在路上某處默默為我引路的生鏽指南針之伴。就算最後是一條不歸路，踏過的總有痕跡，和塵埃的起落有共鳴。

如果當下捧著書讀畢至此的你，是以真金白銀購下的，感謝你為《加山》添置了最實質的，客觀的意義。兩年多以來，我和《加山》不惜代價想得到的東西，縱然最後一個也沒有，但此時此刻，更希望你能從十數萬字的戾氣中，在時間留不住的更替中，找到片刻的共鳴，《加山》的共鳴。

曲終醒來，其實能夠擁有現在的一切，這樣已是很足夠。

柱の落書き
数字とイニシャルは
誰が誰に何を残そうとしたのだろう

1841
一八四一

香港甚好的片刻

作　　者　胡戩
責任編輯　延雪平
印　　刷　呈靖彩藝

2022 年 06 月　初版一刷
2023 年 01 月　初版二刷

定價　320 台幣
ISBN　978-626-95956-3-1

讀書共和國出版集團

社　　長　郭重興
發 行 人　曾大福
發　　行　遠足文化事業股份有限公司
網　　站　www.bookrep.com.tw
地　　址　231 新北市新店區民權路 108-2 號 9 樓
電　　話　(02) 2218-1417
傳　　真　(02) 8667-1065
電子信箱　service@bookrep.com.tw
郵撥帳號　19504465 遠足文化事業股份有限公司
客服專線　0800-221-029
法律顧問　華洋法律事務所 蘇文生律師

一八四一

社　　長　沈旭暉
總 編 輯　孔德維
出版策劃　一八四一出版有限公司
地　　址　臺北市民生東路三段 130 巷 5 弄 22 號 2 樓
網　　站　1841.co
電子信箱　enquiry@1841.co

國家圖書館出版品預行編目
香港甚好的片刻 / 胡戩作. – 初版. – 臺北市 : 一八四一出版有限公司出版 : 遠足文化事業股份有限公司發行, 2022.06
面； 公分
ISBN 978-626-95956-3-1 (平裝)
1.CST : 社會運動　2.CST: 訪談　3.CST: 香港特別行政區
541.45　111007284

Printed in Taiwan

香港文庫